Descobrir Jogos Online Grátis

Disponível Aqui:

BestActivityBooks.com/FREEGAMES

5 DICAS PARA COMEÇAR

1) CÓMO RESOLVER LAS SOPA DE LETRAS

Os puzzles têm um formato clássico:

- As palavras estão escondidas sem espaços ou hífenes,...
- Orientação: As palavras podem ser escritas para a frente, para trás, para cima, para baixo ou na diagonal (podem ser invertidas).
- As palavras podem sobrepor-se ou intersectar-se.

2) APRENDIZAGEM ACTIVA

Ao lado de cada palavra há um espaço para anotar a tradução. Para encorajar a aprendizagem activa, um **DICIONÁRIO** no final desta edição permitir-lhe-á verificar e expandir os seus conhecimentos. Procure e anote as traduções, encontre-as no puzzle e adicione-as ao seu vocabulário!

3) MARCAR AS PALAVRAS

Pode inventar o seu próprio sistema de marcação - talvez já use um? Pode também, por exemplo, marcar palavras difíceis de encontrar com uma cruz, palavras favoritas com uma estrela, palavras novas com um triângulo, palavras raras com um diamante, e assim por diante.

4) ESTRUTURANDO A APRENDIZAGEM

Esta edição oferece um **CADERNO DE NOTAS** prático no final do livro. Nas férias, em viagem ou em casa, pode facilmente organizar os seus novos conhecimentos sem a necessidade de um segundo caderno!

5) JÁ TERMINOU TODAS AS GRELHAS?

Nas últimas páginas deste livro, na secção **DESAFIO FINAL**, encontrará um jogo gratuito!

Rápido e fácil! Consulte a nossa colecção de livros de actividades para o seu próximo momento de diversão e **aprendizagem**, a apenas um clique de distância!

Encontre o seu próximo desafio em:

BestActivityBooks.com/MeuProximoLivro

Aos vossos lugares, preparem-se...Vão!

Sabia que existem cerca de 7.000 línguas diferentes no mundo? As palavras são preciosas.

Adoramos línguas e temos trabalhado arduamente para criar livros da mais alta qualidade para si. Os nossos ingredientes?

Uma selecção de tópicos adequados à aprendizagem, três boas porções de entretenimento, e depois acrescentamos uma colherada de palavras difíceis e uma pitada de palavras raras. Servimo-los com amor e máximo divertimento, para que possa resolver os melhores jogos de palavras e se divirta a aprender!

A sua opinião é essencial. Pode participar activamente no sucesso deste livro, deixando-nos um comentário. Gostaríamos de saber o que mais lhe agradou nesta edição.

Aqui está um link rápido para a sua página de encomendas:

BestBooksActivity.com/Avaliacoes50

Obrigado pela vossa ajuda e divirtam-se!

1 - Dirigindo

```
E  N  E  U  B  U  M  S  G  Y  F  F  Ü  G
A  B  R  N  T  A  X  V  N  L  G  A  Z  A
L  I  D  C  G  C  L  K  V  É  Á  S  E  R
A  M  W  I  É  E  A  E  N  Z  S  H  M  Á
G  I  D  J  S  N  D  K  S  S  N  S  A  Z
Ú  P  É  K  R  É  T  É  G  E  O  Á  N  S
T  B  O  L  Ő  H  V  F  L  V  T  T  Y  T
A  U  T  Ó  D  U  K  Z  T  Y  Z  Í  A  R
P  X  Ú  G  N  U  L  O  M  W  I  L  G  W
K  R  U  K  E  K  O  G  L  W  B  L  G  X
M  O  T  O  R  K  E  R  É  K  P  Á  R  A
C  T  A  Z  Á  Y  G  I  V  J  C  Z  Á  G
W  O  G  Y  A  L  O  G  O  S  O  S  G  A
E  M  O  L  A  G  R  O  F  R  Z  H  T  E
```

BALESET   MOTORKERÉKPÁR
AUTÓ   MOTOR
ÜZEMANYAG   GYALOGOS
VIGYÁZAT   VESZÉLY
ÚT   RENDŐRSÉG
FÉKEK   UTCA
GARÁZS   BIZTONSÁG
GÁZ   SZÁLLÍTÁS
ENGEDÉLY   FORGALOM
TÉRKÉP   ALAGÚT

2 - Antiguidades

```
B  E  R  U  H  Á  Z  Á  S  U  J  O  S  T
C  G  Y  I  B  S  N  Á  G  E  L  E  Z  F
B  B  G  S  F  U  M  R  Y  F  X  D  Á  M
R  Ú  Á  R  V  E  R  É  S  P  Y  T  Z  G
G  É  T  S  Z  O  K  A  T  L  A  N  A  D
L  V  G  O  S  Z  O  B  O  R  L  I  D  E
J  O  D  I  R  G  A  L  É  R  I  A  R  K
K  U  P  K  G  É  S  Ő  N  I  M  J  A  O
M  Ű  V  É  S  Z  E  T  U  Z  O  Z  J  R
L  K  X  T  U  W  L  E  T  É  T  T  O  A
P  E  J  R  L  H  E  É  R  M  É  K  N  T
Y  J  W  É  Í  G  T  D  A  R  O  O  G  Í
S  H  V  O  T  I  I  N  V  A  K  X  Ó  V
Z  L  M  G  S  N  H  Y  J  Y  G  T  G  U
```

MŰVÉSZET	TÉTEL
HITELES	ÁRVERÉS
DEKORATÍV	BÚTOR
ELEGÁNS	ÉRMÉK
RAJONGÓ	ÁR
SZOBOR	MINŐSÉG
STÍLUS	SZÁZAD
GALÉRIA	ÉRTÉK
SZOKATLAN	RÉGI
BERUHÁZÁS	

3 - Churrascos

```
T  M  C  W  P  Ó  C  J  R  I  Y  W  F  S
X  S  R  H  A  R  O  S  C  A  V  G  G  A
L  D  Á  W  G  R  X  R  A  X  R  V  R  L
K  T  Y  M  W  O  M  O  L  L  Z  B  I  Á
Z  E  N  E  R  F  I  B  V  Y  Á  S  L  T
V  M  S  S  D  V  F  Y  B  B  A  D  L  Á
M  L  C  É  G  Y  E  R  M  E  K  E  K  K
E  A  L  B  K  J  Á  T  É  K  O  K  M  T
G  N  Ö  Z  Ö  L  D  S  É  G  E  K  H  F
H  K  M  C  Z  Y  Z  H  P  M  D  U  I  Z
Í  I  Ü  C  S  I  R  K  E  S  F  E  M  Y
V  M  Y  A  N  S  Z  Ó  S  Z  Ó  N  V  O
Á  H  G  P  A  R  A  D  I  C  S  O  M  S
S  A  J  A  E  B  É  D  É  H  S  É  G  Z
```

EBÉD	JÁTÉKOK
MEGHÍVÁS	ZÖLDSÉGEK
GYERMEKEK	SZÓSZ
KÉSEK	ZENE
CSALÁD	BORS
ÉHSÉG	FORRÓ
CSIRKE	SÓ
GYÜMÖLCS	SALÁTÁK
GRILL	PARADICSOM
VACSORA	NYÁR

4 - Pesca

```
T  A  V  O  O  R  Á  S  O  K  U  W  L  C
Ó  Ú  G  J  M  B  L  S  D  I  B  S  A  E
C  C  L  S  G  H  L  K  T  S  N  E  W  T
X  K  E  Z  Í  V  K  F  A  R  H  A  J  Ó
S  K  G  Á  Á  D  A  S  Y  I  A  O  I  R
C  J  J  I  N  S  P  X  X  J  H  N  L  D
S  Ú  L  Y  X  G  O  R  O  H  T  U  D  Y
T  V  U  X  R  C  C  B  W  J  I  R  N  V
K  O  Y  N  O  Z  S  U  L  A  L  C  E  E
F  E  L  S  Z  E  R  E  L  É  S  M  N  J
K  O  P  O  L  T  Y  Ú  K  A  Z  S  V  É
C  C  S  A  L  I  X  M  E  L  E  R  Ü  T
J  G  S  P  P  G  Y  F  F  O  L  Y  Ó  Ó
H  E  S  Z  A  K  Á  C  S  V  N  U  M  O
```

VÍZ	CSALI
USZONYOK	TÓ
HAJÓ	ÁLLKAPOCS
KOPOLTYÚK	ÓCEÁN
KOSÁR	TÜRELEM
SZAKÁCS	SÚLY
FELSZERELÉS	STRAND
TÚLZÁS	FOLYÓ
DRÓT	ÉVSZAK
HOROG	

5 - Geologia

```
A H M E R Ó Z I Ó S S V F K
A B K T G G K K Ő A Ó U O I
E P K V N B M O R V I L S S
I Z C G A P U J R C L K S Z
F Ó I H L R I X J A V Á Z T
E N K R R Z C F J J L N I A
N A L X A Y L L Á V A L L L
N M U A B E A R É T E G I A
S S S V P Ő K P P E S C S G
Í A O F Ö L D R E N G É S M
K Z K O Y L Á T S I R K R I
E A T D J W D K U C K M L T
P F L L K O N T I N E N S O
T T G K H O K N B M P K G K
```

SAV
RÉTEG
BARLANG
KALCIUM
CIKLUSOK
KONTINENS
KORALL
KRISTÁLYOK
ERÓZIÓ
CSEPPKŐ

SZTALAGMITOK
FOSSZILIS
LÁVA
KŐ
FENNSÍK
KVARC
SÓ
FÖLDRENGÉS
VULKÁN
ZÓNA

6 - Ética

```
E L E Z R Y G G É S R O J I
G Á S Ó T L É M R M B A Ó N
Y X S W S E S E T P M U I T
Ü J U Z N H S L É Y X I N E
T R M A T A E E K L C I D G
T E Z I I D V R E E D P U R
É M I F T C D Ü K H V H L I
R B M Ó Z A E T P F P Z A T
Z E I Z R P K V H U P I T Á
É R T O L E R A N C I A Ú S
S I P L R E A L I Z M U S A
R S O I Ő S Z I N T E S É G
M É A F É S S Z E R Ű B F Y
X G Ö N Z E T L E N S É G E
```

ÖNZETLENSÉG	INTEGRITÁS
JÓINDULATÚ	OPTIMIZMUS
KEDVESSÉG	TÜRELEM
EGYÜTTÉRZÉS	ÉSSZERŰ
MÉLTÓSÁG	REALIZMUS
FILOZÓFIA	TOLERANCIA
ŐSZINTESÉG	ÉRTÉKEK
EMBERISÉG	

7 - Tempo

```
N L D B N S O R M N U V S I
E L Ő T T A N A L L I P Z G
M O S T O B O F E B S K Á H
N M S D B V U H G M U A Z T
T X B P U M G É G M Y U A L
O K U C W Ú M T E É X U D G
T C H É R L D Z R J R R Z P
R H R V Á T C W S S P V P P
U R B E T Z R E S Z W R N M
Y B O S P X R H R A P S P P
Ó X P N A P J X U K M C G L
R A O D N N Ö H R A A E O C
A D E Z I T V É T E G N A P
D É L É V Z Ő H Ó N A P A C
```

MOST	REGGEL
ÉV	DÉL
ELŐTT	HÓNAP
ÉVES	PERC
NAPTÁR	PILLANAT
ÉVTIZED	ÉJSZAKA
NAP	TEGNAP
JÖVŐ	MÚLT
MA	HÉT
ÓRA	SZÁZAD

8 - Astronomia

```
F R S K C S I L L A G Á S Z
O K A Z R O Z P Z I É S I S
G A V K U A C C D P V Á N O
Y X S B É P L N G U C Z C M
A G K Z R T E L T U F R U Z
T R Ö S T T A R L Z F Á N O
K A D U R E I C N U É G I K
O V F L A O R L B Ó R U M M
Z I O Ó G Y L O B I V S X E
Á T L P L B K B I S F A K T
S Á T E J A Z C Y D L O H E
Y C Ü S T Ö K Ö S C A X S O
Z I X S A P V F Ö L D S H R
S Ó J A H R Ű G A L A X I S
```

ASZTEROIDA	GALAXIS
ŰRHAJÓS	GRAVITÁCIÓ
CSILLAGÁSZ	HOLD
ÉGI	METEOR
ÉG	KÖDFOLT
ÜSTÖKÖS	BOLYGÓ
KOZMOSZ	SUGÁRZÁS
FOGYATKOZÁS	SZUPERNÓVA
RAKÉTA	FÖLD

9 - Circo

```
Y N M A M G C L J J Z Z Z D
H R I M A E U Á E R Z E I O
J E G Y J N K T L G S S N S
F D G I O Á O V M P O Á B E
K P Z D M L R Á E P N T O N
B Ű V É S Z K N Z A G O H É
T R Ü K K S A Y J R L R Ó Z
Á L L A T O K O T Á Ő S C Ő
T P J T E R D S C D R Y V K
U A T A B O R K A É R W T Y
L É G G Ö M B Ö K I J L G U
W A C H I X D W T I G R I S
M U K D B D P R T H E Á P L
K V N J U E L E F Á N T M F
```

AKROBATA	MAJOM
ÁLLATOK	MÁGIA
LÉGGÖMBÖK	ZSONGLŐR
JEGY	BŰVÉSZ
PARÁDÉ	ZENE
CUKORKA	BOHÓC
ELEFÁNT	SÁTOR
NÉZŐ	TIGRIS
LÁTVÁNYOS	JELMEZ
OROSZLÁN	TRÜKK

10 - Acampamento

```
E E F E L S Z E R E L É S B
W O Z A Z F L L O D Y R S I
K A Y Y I H I Y T H H D B A
G A Ű Ó J K S L Á G I E O N
S S B T E R M É S Z E T G U
B B M I Y K G X B Ű K O E Y
K E N U N N B D F T A Z U G
G B L B N N Á X E N L F F Á
O P P T A D O R V K A Y Á Ő
V A D Á S Z A T I G N I K G
C L É T Ö K S S X Ő D R E G
J A W E I A U S R O V A R Ü
O K D H O L D T É R K É P F
W Á L L A T O K C V M V V W
```

ÁLLATOK	ERDŐ
KALAND	TŰZ
FÁK	ROVAR
IRÁNYTŰ	TÓ
KABIN	HOLD
VADÁSZAT	FÜGGŐÁGY
KENU	TÉRKÉP
KALAP	HEGY
KÖTÉL	TERMÉSZET
FELSZERELÉS	SÁTOR

11 - Ficção Científica

```
F U K L X L Z T G Y M S F J
Y U A B L W R S Ű M X Z A Z
K A T A L S Ó J M Z V É N K
D H E U S E O N S B I L T É
W D J T R A L O E O K S A P
O G G Á L I V N Y L E Ő S Z
M A R V U P S I L Y V S Z E
I L O O M O Á Z É G Y É T L
L A B L U T N O T Ó N G I E
L X O I T S A M J I Ö E K T
Ú I T G Ó Y B S E M K S U B
Z S O C P D B D R O U U S E
I M K P I W O V R T L K S L
Ó L P D A Z R N T A R E K I
```

ATOMI
MOZI
TÁVOLI
DYSTOPIA
ROBBANÁS
SZÉLSŐSÉGES
FANTASZTIKUS
TŰZ
FUTURISZTIKUS
GALAXIS

ILLÚZIÓ
KÉPZELETBELI
KÖNYVEK
REJTÉLYES
VILÁG
JÓSLAT
BOLYGÓ
ROBOTOK
UTÓPIA

12 - Mitologia

```
C  A  G  É  S  Y  N  E  K  É  T  L  É  F
S  Z  Ö  R  N  Y  I  N  H  S  E  K  L  H
V  I  S  E  L  K  E  D  É  S  R  U  E  A
Z  T  U  H  G  K  Y  Z  V  E  L  G  R
P  E  T  T  K  Ő  K  I  J  K  M  T  E  C
L  R  N  Y  A  I  S  X  S  H  T  Ú  N  O
E  E  I  X  X  B  G  I  W  A  É  R  D  S
R  M  R  T  C  I  V  Á  C  W  S  A  A  F
Ő  T  I  H  Ő  S  N  Ő  M  Z  S  K  D  Y
Y  M  B  K  A  T  A  S  Z  T  R  Ó  F  A
K  É  A  M  E  N  N  Y  D  Ö  R  G  É  S
B  N  L  D  I  A  D  A  L  M  A  S  P  D
R  Y  V  I  L  L  Á  M  B  O  S  S  Z  Ú
W  A  A  R  C  H  E  T  Í  P  U  S  L  O
```

ARCHETÍPUS	HŐS
FÉLTÉKENYSÉG	LABIRINTUS
VISELKEDÉS	LEGENDA
TEREMTÉS	MÁGIKUS
TEREMTMÉNY	SZÖRNY
KULTÚRA	VILLÁM
KATASZTRÓFA	DIADALMAS
ERŐ	MENNYDÖRGÉS
HARCOS	BOSSZÚ
HŐSNŐ	

13 - Medições

```
B A C N V F W B C C D V P P
H N Z S S O H H E J Z C K E
K V V C H K T A N N O T L R
M I W S Z O N V T S Ú L Y C
M M L K K Z M L I B Á J T T
A A É O R A É M M A R G R I
R I G L M T R W É H G E A Z
G C F A Y É Ő S T Ü M M V E
O N T L S S T P E V L Ö K D
L U F B F S É E R E D T R E
I L I T E R Á G R L H K S S
K H Y G M S N G A Y X N F R
S Z É L E S S É G K L R H X
J K Y G F G Y V R O X D Y B
```

MAGASSÁG	MÉRŐ
BÁJT	PERC
CENTIMÉTER	UNCIA
HOSSZ	SÚLY
TIZEDES	HÜVELYK
GRAMM	MÉLYSÉG
FOKOZAT	KVART
SZÉLESSÉG	KILOGRAMM
LITER	KILOMÉTER
TÖMEG	TONNA

14 - Álgebra

```
V A Y Z M T S Á D L O G E M
P U U W X N É E M L V T G E
K K I T E V Ő N R Y O X Y N
V É G T E L E N Y R K B S N
S I R Á E N I L L E X Y Z Y
I V Á L T O Z Ó W D Z F E I
M Á T R I X S Z Á M D Ő R S
A K Z Á R Ó J E L V I K Ű É
H É E G Y E N L E T A F S G
L P T C R P X N U V G X Í R
A L L U N N K É D E R Ö T W
I E Ö S S Z E G J S A V É V
N T P R O B L É M A M T S H
K I V O N Á S M L P I U I K
```

DIAGRAM	SZÁM
EGYENLET	ZÁRÓJEL
KITEVŐ	PROBLÉMA
HAMIS	MENNYISÉG
TÉNYEZŐ	EGYSZERŰSÍTÉS
KÉPLET	MEGOLDÁS
TÖREDÉK	ÖSSZEG
VÉGTELEN	KIVONÁS
LINEÁRIS	VÁLTOZÓ
MÁTRIX	NULLA

15 - Plantas

```
Z  B  A  B  F  N  Ö  V  É  N  Y  Z  E  T
A  H  O  M  Ű  I  Z  T  R  Á  G  Y  A  L
F  D  B  G  X  M  O  R  I  Z  S  V  N  O
F  A  U  V  Y  S  C  E  K  F  I  I  Ö  M
K  A  O  V  T  Ó  D  K  E  M  O  R  V  B
A  K  I  N  A  T  O  B  B  R  P  Á  É  O
K  M  J  C  Y  T  E  Y  T  É  D  G  N  Z
T  J  G  Z  L  B  A  C  T  K  I  Ő  Y  A
U  P  X  L  R  Z  G  P  K  Ö  S  Z  V  T
S  O  V  E  F  P  J  E  N  Y  K  N  I  H
Z  S  U  B  M  A  B  X  R  G  J  V  L  C
S  H  N  C  Y  B  O  K  O  R  Z  W  Á  P
B  O  R  O  S  T  Y  Á  N  W  D  N  G  U
G  Y  Ó  G  Y  N  Ö  V  É  N  Y  D  I  Y
```

BOKOR	NÖVÉNYVILÁG
FA	ERDŐ
BOGYÓ	LOMBOZAT
BAMBUSZ	FŰ
BOTANIKA	BOROSTYÁN
KAKTUSZ	KERT
GYÓGYNÖVÉNY	MOHA
BAB	SZIROM
TRÁGYA	GYÖKÉR
VIRÁG	NÖVÉNYZET

16 - Veículos

```
T K S F M J W Y M C C P D M
Z U A J U T X Y C C U I O E
T U T M F R Á P K É R E K N
A B J A I R G M E T R Ó W T
X N J U J O R O T K A R T Ő
I T Z C M T N K N B U S Z A
Ó T U A C O I M J Y R U R U
G U M I K M Z V X H P H A T
O R E P Ü L Ő G É P W P K Ó
B V Z L A K Ó K O C S I É K
O H H E L I K O P T E R T O
R A Z T V A Y I Z T T E A M
H J L C F N Y Z I Z U U M P
I Ó A Y D U N G M Y G D R T
```

MENTŐAUTÓ	HELIKOPTER
REPÜLŐGÉP	TUTAJ
KOMP	ROBOGÓ
HAJÓ	METRÓ
KERÉKPÁR	MOTOR
KAMION	BUSZ
LAKÓKOCSI	GUMIK
AUTÓ	TAXI
RAKÉTA	TRAKTOR
FURGON	

17 - Engenharia

```
S  X  C  S  K  D  T  O  W  D  J  A  W  H
W  Z  M  F  Z  Í  Z  N  M  I  G  L  G  P
Y  J  Á  Y  B  Z  C  E  H  A  U  P  R  O
E  F  S  M  Y  E  Y  L  E  G  N  E  T  T
C  G  Z  L  Í  L  E  G  R  R  Y  F  M  O
H  X  Z  R  O  T  O  M  Ő  A  Y  P  É  G
K  D  L  L  V  Z  Á  M  Z  M  U  Y  R  F
E  N  E  R  G  I  A  S  K  X  E  C  É  O
T  H  S  Á  T  I  L  I  B  A  T  S  S  L
E  N  Y  T  É  P  Í  T  É  S  G  T  S  Y
R  G  K  M  S  Z  E  R  K  E  Z  E  T  A
É  D  G  É  S  Y  L  É  M  W  V  L  M  D
M  X  A  R  E  L  O  S  Z  L  Á  S  P  É
E  W  K  Ő  S  Z  Ö  G  E  J  C  D  V  K
```

SZÖG	ENERGIA
SZÁMÍTÁS	STABILITÁS
ÉPÍTÉS	SZERKEZET
DIAGRAM	ERŐ
ÁTMÉRŐ	FOLYADÉK
DÍZEL	GÉP
MÉRETEK	MÉRÉS
ELOSZLÁS	MOTOR
TENGELY	MÉLYSÉG

18 - Restaurante # 2

```
S  C  L  Ö  M  Ü  Y  G  I  Y  I  L  K  G
Z  D  A  R  O  S  C  A  V  D  Z  T  N  V
É  J  H  I  N  C  E  B  K  V  Ö  X  A  S
K  P  V  X  I  B  J  R  R  K  L  W  T  L
N  E  M  U  F  F  D  É  B  E  D  O  Á  B
L  P  D  N  C  F  L  C  G  R  S  C  L  C
K  M  C  V  Í  Z  B  N  R  E  É  Ó  A  O
T  W  H  U  O  N  V  I  J  Z  G  C  S  C
T  O  L  K  W  Y  R  P  F  S  E  V  E  L
É  M  P  A  T  R  O  T  U  Ű  K  D  N  S
S  L  C  N  Y  G  L  D  X  F  H  S  L  Z
Z  I  T  Á  E  L  Ő  É  T  E  L  P  G  X
T  W  H  L  C  J  Y  C  B  Y  L  M  K  G
A  L  L  I  V  W  N  U  L  Z  D  G  T  J
```

EBÉD   PINCÉR
ELŐÉTEL   VILLA
VÍZ   JÉG
ITAL   VACSORA
TORTA   ZÖLDSÉGEK
SZÉK   TÉSZTA
KANÁL   HAL
FINOM   SÓ
FŰSZEREK   SALÁTA
GYÜMÖLCS   LEVES

19 - Países #2

```
O  S  H  Y  W  A  I  N  Á  D  L  L  L  A
G  R  U  I  X  L  M  E  W  D  A  A  A  B
P  G  O  O  A  L  G  P  A  X  I  K  A  Z
A  Ö  I  S  X  R  G  Á  Z  S  R  O  R  Í
K  R  P  N  Z  D  X  L  S  H  Í  V  J  P
I  Ö  J  E  D  O  O  I  O  A  Z  H  A  V
S  G  B  A  W  O  R  W  A  I  S  O  M  G
Z  O  C  L  P  A  N  S  L  T  B  A  A  M
T  R  J  U  U  Á  Z  É  Z  I  F  N  I  E
Á  S  L  C  G  O  N  E  Z  Á  A  J  C  X
N  Z  A  L  B  Á  N  I  A  I  G  A  A  I
G  Á  Z  S  R  O  A  I  C  N  A  R  F  K
N  G  K  C  N  I  G  É  R  I  A  K  B  Ó
L  I  B  A  N  O  N  A  H  W  C  U  W  X
```

ALBÁNIA	LAOSZ
DÁNIA	LIBANON
FRANCIAORSZÁG	MEXIKÓ
GÖRÖGORSZÁG	NEPÁL
HAITI	NIGÉRIA
INDONÉZIA	PAKISZTÁN
ÍRORSZÁG	OROSZORSZÁG
JAMAICA	SZÍRIA
JAPÁN	UKRAJNA

20 - Cozinha

```
H  W  I  S  I  M  P  G  S  N  W  B  H  W
G  M  X  K  A  N  C  S  Ó  P  S  R  Ű  F
S  R  V  Í  Z  F  O  R  R  A  L  Ó  T  R
Ü  T  I  R  U  Y  G  D  K  W  K  S  Ő  L
T  Á  X  L  I  R  P  U  O  T  A  Z  S  M
Ő  L  U  M  L  X  H  G  R  K  N  I  Z  É
S  Z  A  L  V  É  T  A  S  É  A  V  E  L
M  Y  A  W  J  I  Y  O  Ó  S  L  A  K  Y
M  E  R  Ő  K  A  N  Á  L  E  A  C  R  H
X  K  I  V  M  L  É  N  E  K  K  S  É  Ű
R  V  O  B  B  L  T  P  E  C  E  R  N  T
J  O  K  A  I  I  Ö  J  I  U  B  B  Y  Ő
V  B  V  T  W  V  K  C  S  É  S  Z  É  K
F  Ű  S  Z  E  R  E  K  O  X  K  L  W  A
```

KÖTÉNY	MÉLYHŰTŐ
VÍZFORRALÓ	VILLA
KANALAK	HŰTŐSZEKRÉNY
ENNI	GRILL
MERŐKANÁL	SZALVÉTA
CSÉSZÉK	KORSÓ
FŰSZEREK	KANCSÓ
SZIVACS	RECEPT
KÉSEK	TÁL
SÜTŐ	

21 - Material de Arte

```
E  C  S  E  T  E  K  Z  P  A  D  A  S  E
J  R  X  L  A  T  Z  S  A  G  F  K  T  G
R  A  G  A  S  Z  T  Ó  S  Y  E  V  I  R
Í  C  L  O  Á  I  Í  P  Z  A  S  A  N  A
P  X  V  O  T  G  C  V  T  G  T  R  T  D
A  H  G  X  I  L  E  L  E  A  Ő  E  A  Í
P  R  K  F  V  K  R  M  L  S  Á  L  M  R
Z  F  E  N  I  W  U  N  L  Z  L  L  A  W
O  J  K  M  T  R  Z  F  I  É  L  E  G  F
D  K  É  G  A  C  Á  C  R  K  V  K  D  Z
B  P  T  P  E  K  K  C  K  T  Á  Z  Y  V
H  U  S  F  R  P  R  X  A  A  N  C  D  G
P  Y  E  R  K  E  N  Í  Z  S  Y  H  Y  L
R  G  F  A  S  Z  É  N  R  K  Z  M  X  G
```

AKRIL	SZÍNEK
RADÍR	KREATIVITÁS
AKVARELLEK	ECSETEK
AGYAG	CERUZÁK
VÍZ	ASZTAL
SZÉK	OLAJ
FASZÉN	PAPÍR
FESTŐÁLLVÁNY	PASZTELL
KAMERA	TINTA
RAGASZTÓ	FESTÉKEK

22 - Números

```
T  É  H  N  E  Z  I  T  K  N  T  T  É  H
Ö  Í  F  Y  S  S  V  I  I  U  I  I  Z  J
T  R  Z  O  J  Ú  B  Z  L  L  Z  Z  T  C
W  B  N  L  I  H  F  E  E  L  E  E  I  D
E  R  I  C  R  M  D  N  N  A  D  N  Z  T
N  S  M  M  Y  Y  V  H  C  U  E  Ö  E  I
V  O  R  O  I  E  V  Á  O  V  S  T  N  Z
U  F  B  R  E  G  Y  R  U  Y  V  O  K  E
W  A  C  Á  C  V  G  O  Z  R  U  O  E  N
K  K  P  H  A  T  É  M  V  E  F  Y  T  N
R  E  T  I  Z  E  N  N  Y  O  L  C  T  É
D  P  T  T  I  Z  E  N  H  A  T  B  Ő  G
J  B  Z  T  P  V  M  V  J  N  H  H  Z  Y
K  J  R  S  Ő  B  L  L  W  P  H  B  J  G
```

ÖT	TIZENNÉGY
TIZEDES	NÉGY
TÍZ	TIZENÖT
TIZENHAT	HAT
TIZENHÉT	HÉT
TIZENNYOLC	TIZENHÁROM
KETTŐ	HÁROM
TIZENKETTŐ	EGY
KILENC	HÚSZ
NYOLC	NULLA

23 - Física

```
C  T  Ö  M  E  G  G  S  D  R  M  N  G  H
F  E  R  M  H  U  Y  Y  G  U  O  A  R  F
A  L  U  K  E  L  O  M  Á  R  T  A  A  R
P  P  Z  F  P  D  R  M  Z  N  O  E  V  E
G  É  S  Ű  R  Ű  S  S  L  O  R  A  I  K
U  K  O  H  N  P  U  E  J  R  X  K  T  V
V  A  Á  H  H  J  L  M  O  T  A  I  Á  E
K  E  K  S  I  R  Á  E  L  K  U  N  C  N
C  W  P  X  X  Y  S  T  Z  E  K  A  I  C
K  É  M  I  A  I  P  E  X  L  U  H  Ó  I
T  H  N  B  W  L  V  Y  D  E  Z  C  C  A
U  B  T  S  N  A  S  G  K  G  H  E  N  M
I  G  É  S  S  E  S  E  N  G  Á  M  U  P
R  É  S  Z  E  C  S  K  E  A  R  F  V  A
```

GYORSULÁS	MÁGNESESSÉG
ATOM	TÖMEG
KÁOSZ	MECHANIKA
SŰRŰSÉG	MOLEKULA
ELEKTRON	MOTOR
KÉPLET	NUKLEÁRIS
FREKVENCIA	RÉSZECSKE
GÁZ	KÉMIAI
GRAVITÁCIÓ	EGYETEMES

24 - Especiarias

```
F A U E Y O M V B G S Y H D
K O Á N I Z S A V A Á M A A
A F K R V H R N U F F Z G O
R W A H A W O Í T C R H Y G
D S B H A Í B L L V Á H M F
A K S G É G Z I I M N Ű A T
M Ö A Y J J Y A P H Y R S G
O M V Ö Y N É M Ö K S E D É
M É A M K D P P A U I S C J
M N N B J J É D E S P E U N
Y Y Y É Z I V N N J Z K R T
I V Ú R E D N A I R O K R W
S Z E R E C S E N D I Ó Y U
É D E S G Y Ö K É R R S E K
```

SÁFRÁNY	HAGYMA
ÉDESGYÖKÉR	KORIANDER
FOKHAGYMA	KÖMÉNY
KESERŰ	ÉDES
ÁNIZS	ÉDESKÖMÉNY
SAVANYÚ	GYÖMBÉR
VANÍLIA	SZERECSENDIÓ
FAHÉJ	BORS
KARDAMOM	ÍZ
CURRY	SÓ

25 - Países #1

```
O M Z X G Á Z S R O N N I F
V E N E Z U E L A Y A I M N
B B W F J Z C C I E S C A O
R R O W L K N G A O Z A R R
D K A R O D A U C E D R O V
J B Z Z D I T N K X O A K É
A M D S Í K N Y A O B G K G
M A L I O L P D R D M U Ó I
P N T I G E I P I P A A Z A
A B Y F E A Z A B A K U R Y
N G Á Z S R O L E Y G N E L
A T C I Y Z S Z E N E G Á L
M M O T P I Y G E P G Y F D
A T O L A S Z O R S Z Á G S
```

BRAZÍLIA
KAMBODZSA
KANADA
EGYIPTOM
ECUADOR
FINNORSZÁG
IRAK
IZRAEL
OLASZORSZÁG

INDIA
MALI
MAROKKÓ
NICARAGUA
NORVÉGIA
PANAMA
LENGYELORSZÁG
SZENEGÁL
VENEZUELA

26 - A Mídia

```
K O M M U N I K Á C I Ó G K
G D F J E T S Á T A T K O I
H Á L Ó Z A T Z J I G K M A
E K T É N Y E K E M N X M D
A Y L P A J A Ö E L U D Y Á
S Z W X R K N D B E L B N S
D F T T D O F Ű C D E E É O
K K L C X G U T D E G N M O
D I G I T Á L I S K Y I E I
H C J R O S F T R S É L L A
C E D O X J O T Á E N N É X
D A L J M Ú T A D R I O V J
K S M Y I V Ó G I E A I B B
I P A R I O K C Ó K P P M B
```

ATTITŰDÖK
KERESKEDELMI
KOMMUNIKÁCIÓ
DIGITÁLIS
KIADÁS
OKTATÁS
TÉNYEK
FOTÓK
EGYÉNI

IPAR
SZELLEMI
ÚJSÁGOK
HELYI
ONLINE
VÉLEMÉNY
RÁDIÓ
HÁLÓZAT

27 - Casa

```
Z U H A N Y L C T Ü K Ö R M
K J A B S C A M S L Y O O E
A M W K E T S J K A L B A N
N N E P P W É Z O F P B H N
D M G K R R T J O H B N Y Y
A Z A Ö Ű C Í U C B K N N E
L N R N K N R O T W A N O Z
L F Á Y A G E Y N Ő Z S K E
Ó S Z V G J K P A D L Á S T
M R S T J X T F C M E O M G
G M Y Á D N O Ó K E R T G B
H B K R O T Ú B Y B W U A I
F Ü G G Ö N Y Ö K T I D F C
T K U L C S O K K S X U M W
```

KÖNYVTÁR	KANDALLÓ
KERÍTÉS	BÚTOR
KULCSOK	FAL
ZUHANY	AJTÓ
FÜGGÖNYÖK	SZOBA
KONYHA	PADLÁS
TÜKÖR	SZŐNYEG
GARÁZS	MENNYEZET
ABLAK	CSAP
KERT	SEPRŰ

28 - Vegetais

```
S  D  B  U  R  G  O  N  Y  A  S  G  I  R
H  S  Á  R  G  A  R  É  P  A  A  O  L  E
P  A  M  Y  G  A  H  K  O  F  L  M  O  T
E  P  G  O  T  B  C  G  I  Y  Á  B  K  E
T  O  X  Y  W  J  B  W  C  B  T  A  K  K
R  R  É  B  M  Ö  Y  G  L  E  A  D  O  U
E  E  S  B  E  A  K  Ó  S  C  I  T  R  A
Z  L  P  D  R  T  K  B  K  E  I  E  B  I
S  L  E  R  E  Ö  R  R  O  W  J  S  C  R
E  E  N  R  S  K  M  Z  O  R  P  K  L  T
L  Z  Ó  J  F  G  Z  I  P  B  S  H  P  P
Y  W  T  G  W  C  L  A  F  P  U  Ó  D  G
E  M  O  G  Y  O  R  Ó  H  A  G  Y  M  A
M  U  A  J  F  E  H  É  R  R  É  P  A  V
```

TÖK	GOMBA
ZELLER	BORSÓ
ARTICSÓKA	SPENÓT
FOKHAGYMA	GYÖMBÉR
BURGONYA	FEHÉRRÉPA
BROKKOLI	UBORKA
HAGYMA	RETEK
SÁRGARÉPA	SALÁTA
MOGYORÓHAGYMA	PETREZSELYEM

29 - Balé

```
N V Z F T Y U J A F B G R K
K Z E N E S Z E R Z Ő Y I É
P Ö M Ű V É S Z I V W A T S
R I Z K I F E J E Z Ő K M Z
Ó N T Ö A S K S M M U O U S
B T X T N B T E N E Z R S É
A E I L I S K Í C P Z L P G
K N T M R T É E L S M A A G
I Z D J E L O G M U E T T E
N I Z W L F V N A E S S Y S
H T P R A K E N E Z J M Y Z
C Á R U B P I F Z Z D I I T
E S K O R E O G R Á F I A U
T Á N C O S O K S Z Ó L Ó S
```

TAPS	KECSES
MŰVÉSZI	KÉSZSÉG
BALERINA	INTENZITÁS
ZENESZERZŐ	ZENE
KOREOGRÁFIA	ZENEKAR
TÁNCOSOK	GYAKORLAT
PRÓBA	KÖZÖNSÉG
STÍLUS	RITMUS
KIFEJEZŐ	SZÓLÓ
GESZTUS	TECHNIKA

30 - Adjetivos #1

```
A V Y S E G Z O T I K U S K
R H U E I S Ó A B U T I N W
O Y B Y V P Z Z C K S P D
M L T L A É M O N R E D O M
Á O X É X K K N E O N Y I Ű
S M T T K O A O T K V Z I V
F O Ú J I N L S O T N O F É
Ű K L E L Y G A N J K Ó É S
A O O R N G F E Z C L R R Z
M C Z S S A T G M Y A I T I
L S S W R N V É D J S Á É B
T T B Ő S Z I N T E S S K A
B E A N E H É Z F Ö Ú I E V
T Ö K É L E T E S J S J S H
```

ABSZOLÚT	ŐSZINTE
AROMÁS	AZONOS
MŰVÉSZI	FONTOS
VONZÓ	LASSÚ
ÓRIÁSI	REJTÉLYES
SÖTÉT	MODERN
EGZOTIKUS	TÖKÉLETES
VÉKONY	NEHÉZ
NAGYLELKŰ	KOMOLY
NAGY	ÉRTÉKES

31 - Psicologia

```
V  V  R  H  Z  U  K  C  Z  Ó  Y  H  F  W
I  A  O  S  É  R  E  M  S  I  G  E  M  L
S  L  K  S  B  S  X  L  K  C  K  G  D  E
E  Ó  K  F  L  S  Y  R  P  Á  C  O  B  T
L  S  E  O  K  E  M  L  E  Z  R  É  E  U
K  Á  M  Á  N  P  G  I  V  N  V  G  F  D
E  G  R  L  V  F  S  G  R  E  É  N  O  A
D  F  E  M  S  É  L  E  L  Z  S  É  L  T
É  F  Y  O  P  G  G  I  J  S  U  Z  Y  A
S  K  G  K  Z  Y  G  F  K  B  D  S  Á  L
É  R  T  É  K  E  L  É  S  T  D  F  S  A
P  R  O  B  L  É  M  A  H  X  U  V  O  T
N  L  U  K  L  I  N  I  K  A  I  S  K  T
T  A  P  A  S  Z  T  A  L  A  T  O  K  I
```

ÉRTÉKELÉS	GYERMEKKOR
KLINIKAI	BEFOLYÁSOK
MEGISMERÉS	ÉSZLELÉS
VISELKEDÉS	PROBLÉMA
KONFLIKTUS	VALÓSÁG
ÉN	SZENZÁCIÓ
ÉRZELMEK	ÁLMOK
TAPASZTALATOK	TUDATALATTI

32 - Paisagens

```
M  A  R  A  M  O  D  B  I  O  F  T  N  C
D  E  Z  P  G  O  I  Y  M  Á  O  B  N  J
V  O  Y  L  L  T  C  G  T  Z  L  J  Á  T
Í  F  M  Ö  E  F  L  S  B  I  Y  N  K  C
Z  É  S  B  C  B  N  B  Á  S  Ó  G  L  I
E  L  I  Ö  C  A  G  C  A  R  D  N  U  T
S  S  V  V  S  S  T  R  A  N  D  A  V  E
É  Z  A  Ö  E  J  B  Z  G  N  U  L  P  G
S  I  T  L  R  É  G  U  G  O  B  R  W  I
T  G  A  G  T  G  S  J  N  Y  I  A  E  Z
A  E  G  Y  D  H  A  H  Á  F  V  B  T  S
S  T  I  P  P  E  S  R  E  G  N  E  T  K
F  K  L  Z  G  G  P  T  C  G  V  X  J  D
J  V  B  B  N  Y  C  Z  Ó  T  Y  A  C  W
```

VÍZESÉS	HEGY
BARLANG	OÁZIS
DOMB	ÓCEÁN
SIVATAG	MOCSÁR
GLECCSER	FÉLSZIGET
ÖBÖL	STRAND
JÉGHEGY	FOLYÓ
SZIGET	TUNDRA
TÓ	VÖLGY
TENGER	VULKÁN

33 - Dança

```
G A R K K L A S S Z I K U S
X K I V I W E W G C V T K B
H A T I H F T A R Ú T L U K
L D M Z A M E L E Z R É L K
J É U U G Á Z J W W Y P T O
A M S Á Y D S E E A L A U R
T I V L O I É J X Z Y R R E
E A A I M V V I P V Ő T Á O
S P E S Á G Ű C R U Y N L G
T J R Y N Z M R Ó J L E I R
M E L E Y G E K B W I R S Á
J K L H O L O I A Z E N E F
N E J R S Á G Z O M V A C I
T E S T T A R T Á S W D C A
```

AKADÉMIA	KIFEJEZŐ
VIDÁM	KEGYELEM
MŰVÉSZET	MOZGÁS
KLASSZIKUS	ZENE
KOREOGRÁFIA	PARTNER
TEST	TESTTARTÁS
KULTÚRA	RITMUS
KULTURÁLIS	HAGYOMÁNYOS
ÉRZELEM	VIZUÁLIS
PRÓBA	

34 - Nutrição

```
E  Ö  V  Y  X  X  K  N  L  Y  M  L  F  A
F  G  S  D  K  T  X  O  N  N  I  X  O  T
V  E  É  S  É  T  Z  S  É  M  E  E  L  É
I  R  H  S  Z  Ó  Z  S  J  V  G  Y  I
T  K  D  É  Z  E  Y  G  Á  V  T  É  A  D
A  L  C  R  R  S  T  V  C  N  I  S  D  D
M  W  P  J  S  J  É  E  N  O  L  Z  É  U
I  Z  E  P  G  G  É  G  V  A  L  S  K  K
N  H  C  F  É  R  R  K  E  Ő  S  É  O  E
E  Ö  J  E  S  Z  T  É  S  S  K  G  K  S
S  Ú  L  Y  Ő  T  E  H  E  V  N  N  F  E
O  Y  R  L  N  K  A  L  Ó  R  I  A  A  R
B  C  W  S  I  I  M  S  E  U  B  N  E  Ű
Í  Z  S  U  M  T  Á  P  A  N  Y  A  G  L
```

KESERŰ	TÁPANYAG
ÉTVÁGY	SÚLY
KALÓRIA	FEHÉRJÉK
EHETŐ	MINŐSÉG
DIÉTA	ÍZ
EMÉSZTÉS	EGÉSZSÉGES
ERJESZTÉS	EGÉSZSÉG
ÖSSZETEVŐK	TOXIN
FOLYADÉKOK	VITAMIN
SZÓSZ	

35 - Energia

```
M X X P P Ő H S P N T L E M
S O Z M G R E I E V F P T G
A I T C Y O L R D E F R R S
A T P O V G E Á F R N S U É
N E Z A R A K E O O O U J Z
I Z B C R Y T L T T R G L E
B E N Z I N R K O Á T N É Y
R Y É D J A O U N L K J M N
U N Z V J M M N K U E E T N
T R S L H E O A M M L Y G E
J Ö I P N Z S L M U E N M Z
C K Y W E Ü P W I K C A L S
D Í Z E L A R J H K M P C N
M E G Ú J U L Ó R A A H W B
```

KÖRNYEZET
AKKUMULÁTOR
HŐ
SZÉN
ÜZEMANYAG
DÍZEL
ELEKTROMOS
ELEKTRON
FOTON

BENZIN
HIDROGÉN
IPAR
MOTOR
NUKLEÁRIS
SZENNYEZÉS
MEGÚJULÓ
NAP
TURBINA

36 - Disciplinas Científicas

```
N A T J J A K I N A T O B L
E I K F W R G M V I K S J E
U G K R B N K M I M Y T L U
R Ó N B W Z A U Y É K O I J
O L D P R N Z N H K L T V I
L O A I G Ó L O R O E T E M
Ó I A A I G Ó L O I B E Á H
G Z E I A G S Ó I B X Z L O
I E U J M I T G T D R S L G
A N U I X Ó E I X P K É A B
W I G O W L T A H A É G T D
Ö K O L Ó G I A N U M É T S
G E O L Ó G I A N G I R A K
Á S V Á N Y T A N A A M N J
```

ANATÓMIA	GEOLÓGIA
RÉGÉSZET	IMMUNOLÓGIA
BIOLÓGIA	METEOROLÓGIA
BIOKÉMIA	ÁSVÁNYTAN
BOTANIKA	NEUROLÓGIA
KINEZIOLÓGIA	KÉMIA
ÖKOLÓGIA	ÁLLATTAN

37 - Meditação

```
P  M  Y  Z  Z  C  S  E  N  D  V  E  C  T
K  E  M  L  E  Z  R  É  B  H  I  G  J  E
G  Y  R  W  N  N  P  A  A  A  L  Y  Y  S
B  U  O  S  E  A  J  H  R  Y  Á  Ü  F  T
B  A  A  Á  P  X  D  Á  T  G  G  T  I  T
É  C  F  D  I  E  M  L  E  É  O  T  G  A
K  I  N  A  A  S  K  A  E  S  S  É  Y  R
E  S  Á  G  Z  O  M  T  V  S  S  R  E  T
Y  I  C  O  C  S  I  L  Í  E  Á  Z  L  Á
J  F  J  F  É  B  R  E  N  V  G  É  E  S
K  S  I  L  Á  T  N  E  M  D  A  S  M  V
S  É  L  E  Y  G  I  F  G  E  M  S  M  P
T  E  R  M  É  S  Z  E  T  K  S  Y  L  U
T  T  T  A  N  Í  T  Á  S  O  K  V  F  B
```

ELFOGADÁS	ELME
ÉBREN	MOZGÁS
FIGYELEM	ZENE
KEDVESSÉG	TERMÉSZET
VILÁGOSSÁG	MEGFIGYELÉS
EGYÜTTÉRZÉS	BÉKE
ÉRZELMEK	PERSPEKTÍVA
TANÍTÁSOK	TESTTARTÁS
HÁLA	CSEND
MENTÁLIS	

38 - Artes Visuais

```
Ö  S  Á  T  I  V  I  T  A  E  R  K  N  F
M  S  T  E  Z  S  É  T  Í  P  É  J  B  E
L  O  S  E  T  A  N  D  R  O  B  O  Z  S
I  I  F  Z  N  O  N  E  A  T  É  R  K  T
F  J  D  N  E  C  B  J  V  L  R  A  M  Ő
H  É  J  T  Z  T  I  A  Í  N  T  G  E  Á
R  U  N  L  R  U  É  L  T  K  R  Y  S  L
Y  O  S  Y  X  U  S  T  K  E  O  A  T  L
L  A  K  K  K  N  C  J  E  I  P  G  E  V
V  I  A  S  Z  É  F  M  P  L  R  P  R  Á
C  E  R  U  Z  A  P  K  S  L  B  E  M  N
F  E  S  T  M  É  N  Y  R  O  F  A  Ű  Y
M  Ű  V  É  S  Z  M  M  E  T  F  H  K  K
K  E  R  Á  M  I  A  G  P  Z  Z  C  A  M
```

AGYAG	STENCIL
ÉPÍTÉSZET	FILM
MŰVÉSZ	FÉNYKÉP
TOLL	KRÉTA
FESTŐÁLLVÁNY	CERUZA
VIASZ	MESTERMŰ
KERÁMIA	PERSPEKTÍVA
ÖSSZETÉTEL	FESTMÉNY
KREATIVITÁS	PORTRÉ
SZOBOR	LAKK

39 - Moda

```
S  S  S  H  Í  M  Z  É  S  O  M  N  I  T
E  Z  Ő  T  E  H  T  E  Z  I  F  G  E  M
M  R  Ö  H  Í  E  R  E  D  E  T  I  M  G
L  U  F  V  W  L  E  G  Y  S  Z  E  R  Ű
E  H  F  P  E  A  U  X  U  P  V  Y  E  S
Y  Á  U  J  T  T  D  S  V  B  I  N  L  K
N  Z  M  P  T  V  R  M  O  F  J  É  E  M
É  A  O  H  P  X  Á  N  É  T  A  R  G  O
K  T  C  N  W  F  G  S  K  R  O  E  Á  D
G  O  M  B  O  K  A  O  M  A  É  Z  N  E
M  I  N  I  M  A  L  I  S  T  A  S  S  R
F  D  K  S  I  R  Á  N  Y  Z  A  T  E  N
G  B  U  T  I  K  C  S  I  P  K  E  S  K
G  Y  A  K  O  R  L  A  T  I  L  Z  D  G
```

MEGFIZETHETŐ
HÍMZÉS
GOMBOK
BUTIK
DRÁGA
KÉNYELMES
ELEGÁNS
STÍLUS
MÉRÉSEK
MINIMALISTA

MODERN
SZERÉNY
EREDETI
GYAKORLATI
CSIPKE
RUHÁZAT
EGYSZERŰ
SZÖVET
IRÁNYZAT

40 - Instrumentos Musicais

```
J  T  D  H  M  E  B  E  T  Z  S  S  J  X
G  É  I  N  E  C  S  Ö  R  G  Ő  D  O  B
J  N  K  M  P  G  B  H  O  U  W  F  R  F
T  I  W  O  E  N  E  O  F  D  Z  Y  N  U
P  R  R  N  M  O  Y  D  D  A  N  O  W  V
P  A  O  O  C  G  B  J  Ű  O  G  F  X  O
D  L  E  M  Z  F  A  E  A  B  W  O  U  L
O  K  M  Y  B  M  V  G  B  O  R  A  T  A
B  A  K  A  K  I  N  O  M  R  A  H  O  T
G  I  T  Á  R  K  T  T  I  O  A  B  K  C
H  A  R  S  O  N  A  A  R  O  G  N  O  Z
B  E  N  D  Z  S  Ó  H  A  F  R  Á  H  F
S  Z  A  X  O  F  O  N  M  O  A  S  S  H
M  A  N  D  O  L  I  N  C  S  E  L  L  Ó
```

MANDOLIN	CSÖRGŐDOB
BENDZSÓ	ZONGORA
KLARINÉT	SZAXOFON
FAGOTT	DOB
FUVOLA	HARSONA
HARMONIKA	TROMBITA
GONG	GITÁR
HÁRFA	HEGEDŰ
MARIMBA	CSELLÓ
OBOA	

41 - Adjetivos #2

```
G D L K N I L C L K E V K F
S Z Á R A Z N O M S C A R O
E E F B M Z Z B F A C D E R
T G A Ü A T L S Ő R E L A R
E É X S I I L E L P A D T Ó
Z S S Z G S E K E D R É Í R
S Z N K F Z E E M G E F V Í
É S N E X T H L R U T A X E
M É Z O A A N G E N N R S L
R G E L R L O W T T L S R T
E E D S Z M W G J A I R Ú S
T S Ó S S N Á G E L E H D J
T Z X H A S Ő L E L E F N O
T E H E T S É G E S E R Í H
```

HITELES	ÚJ
KREATÍV	BÜSZKE
LEÍRÓ	TERMELŐ
TEHETSÉGES	TISZTA
ELEGÁNS	FORRÓ
HÍRES	FELELŐS
ERŐS	SÓS
ÉRDEKES	EGÉSZSÉGES
TERMÉSZETES	SZÁRAZ
NORMÁL	VAD

42 - Roupas

```
M I X F M P K T N I M I W C
J T P R C R V A H U R Z I M
Y J D R R E V Ó L U P C V D
D I V A T M V P Á A T B F Z
R I Ö M Z R A F D Ő P I C S
I N Z A D A H Y N É T Ö K E
U C K S Y F F J A K Y W S K
K A G Z O K N I Z H M T Z I
N A Á I Y E Z U S B X V O T
M C R P K K G Ú R F G H K N
X W D K N Y A K L Á N C N L
J G A K Ö L Y J I B I W Y N
E G N Y V T K A B Á T I A M
G D A P H J Ő K E S Z T Y Ű
```

KÖTÉNY	KESZTYŰ
BLÚZ	ZOKNI
NADRÁG	DIVAT
ING	PIZSAMA
KABÁT	KARKÖTŐ
KALAP	SZOKNYA
ÖV	SZANDÁL
NYAKLÁNC	CIPŐ
DZSEKI	PULÓVER
FARMER	RUHA

43 - Herbalismo

```
J  Y  U  Y  N  O  K  R  Á  T  W  K  P  B
Y  Y  A  N  N  Á  R  O  J  A  M  O  E  A
A  Z  A  Á  O  Z  I  D  B  R  H  R  T  Z
O  J  M  R  N  B  A  Y  D  O  T  I  R  S
M  E  Y  F  É  Ö  F  J  Z  M  R  A  E  A
Í  Z  G  Á  K  D  V  R  M  Á  G  N  Z  L
K  S  A  S  M  P  E  É  R  S  N  D  S  I
X  A  H  Z  Ö  L  D  S  N  T  I  E  E  K
W  V  K  V  I  R  Á  G  K  Y  R  R  L  O
K  W  O  U  O  C  T  L  Y  Ö  A  B  Y  M
L  E  F  L  K  U  S  H  S  Y  M  W  E  M
K  E  R  T  K  K  E  G  L  D  Z  É  M  P
E  P  S  V  P  M  F  L  O  J  O  O  N  M
M  I  N  Ő  S  É  G  Ű  S  E  R  I  G  Y
```

SÁFRÁNY   BAZSALIKOM
ROZMARING   MAJORÁNNA
FOKHAGYMA   NÖVÉNY
AROMÁS   MINŐSÉG
KORIANDER   ÍZ
TÁRKONY   PETREZSELYEM
VIRÁG   KAKUKKFŰ
ÉDESKÖMÉNY   ZÖLD
KERT

44 - Arqueologia

```
R  Z  X  Y  E  A  D  S  F  O  L  N  Z  F
X  I  I  L  V  G  T  É  N  B  Y  J  W  O
I  T  V  É  F  R  I  L  K  J  V  L  D  S
Ó  S  T  T  E  T  J  E  L  E  F  L  E  S
K  K  M  J  A  J  H  K  C  K  S  E  Y  Z
Y  O  O  E  I  I  R  É  S  T  Z  L  L  I
K  T  R  R  R  X  G  T  A  U  A  E  K  L
T  N  Y  S  V  E  J  R  P  M  K  M  E  I
U  O  O  X  Z  P  T  É  A  O  É  Z  R  S
I  S  K  Z  J  A  T  L  T  K  R  É  E  W
O  C  V  J  C  V  K  Z  E  X  T  S  S  P
K  E  T  E  M  P  L  O  M  N  Ő  N  Í  R
L  E  S  Z  Á  R  M  A  Z  O  T  T  R  X
J  W  W  H  K  E  U  K  U  T  A  T  Ó  N
```

ELEMZÉS	ELFELEJTETT
ÉV	FOSSZILIS
ÓKOR	KUTATÓ
ÉRTÉKELÉS	REJTÉLY
LESZÁRMAZOTT	OBJEKTUMOK
ISMERETLEN	CSONTOK
CSAPAT	EREKLYE
KORSZAK	TEMPLOM
SZAKÉRTŐ	SÍR

45 - Esporte

```
N  K  R  P  K  K  G  A  C  É  L  R  M  M
K  É  K  R  H  I  I  X  A  T  N  A  E  A
N  P  W  O  G  Y  T  F  C  O  G  E  T  X
H  E  V  G  L  T  D  A  N  H  L  J  A  I
U  S  F  R  N  E  R  Ő  R  N  B  Y  B  M
C  S  R  A  Y  R  J  Y  N  T  V  G  O  A
S  É  T  M  Ú  O  G  P  B  I  Á  É  L  L
O  G  Á  F  J  A  T  L  É  T  A  S  I  I
N  R  N  A  T  É  I  D  T  D  A  Z  K  Z
T  E  C  I  Á  R  K  U  E  R  N  S  U  Á
O  E  D  J  S  P  O  D  S  K  P  É  S  L
K  I  D  Z  G  B  M  P  T  K  G  G  M  Á
P  D  B  D  Ő  N  Z  P  S  Z  N  E  M  S
G  J  F  C  X  O  I  K  O  C  O  G  Á  S
```

NYÚJTÁS	MAXIMALIZÁLÁS
ATLÉTA	METABOLIKUS
KÉPESSÉG	IZMOK
TEST	CÉL
TÁNC	CSONTOK
DIÉTA	PROGRAM
SPORT	KITARTÁS
ERŐ	EGÉSZSÉG
KOCOGÁS	EDZŐ

46 - Frutas

```
C  P  A  B  V  S  Ó  V  D  K  D  B  Y  M
M  S  Z  U  H  G  G  W  L  R  H  O  S  Á
X  G  E  A  N  A  N  Á  S  Z  Ó  G  S  L
Ő  L  C  R  B  E  A  I  S  T  I  Y  Á  N
K  S  N  P  E  J  M  Y  Z  V  D  Ó  R  A
Ö  V  Z  E  U  S  H  S  Ő  C  Z  Z  G  S
R  N  M  I  K  N  Z  C  L  G  S  X  A  Z
T  Á  C  X  B  T  O  N  Ő  B  U  A  B  E
E  N  R  F  C  A  A  A  Y  C  K  L  A  D
P  A  P  A  J  A  R  R  P  E  Ó  M  R  E
N  B  M  U  L  P  B  A  I  V  K  A  A  R
B  S  G  Y  J  O  Á  N  C  N  I  O  C  V
W  Y  A  V  O  K  Á  D  Ó  K  V  R  K  T
W  O  I  G  G  M  M  O  R  T  I  C  G  P
```

AVOKÁDÓ	KIVI
ANANÁSZ	NARANCS
SZEDER	CITROM
BOGYÓ	ALMA
BANÁN	PAPAJA
CSERESZNYE	MANGÓ
KÓKUSZDIÓ	NEKTARIN
SÁRGABARACK	KÖRTE
ÁBRA	ŐSZIBARACK
MÁLNA	SZŐLŐ

47 - Corpo Humano

```
Z  R  O  C  K  V  Á  U  N  C  B  O  G  V
M  H  U  K  A  É  L  L  Á  V  T  R  H  B
T  V  L  F  H  R  L  N  R  K  P  R  K  O
Y  G  A  P  W  R  K  Y  G  A  W  D  C  K
R  H  B  Á  L  T  A  A  F  U  N  W  S  A
I  O  Ő  Z  H  K  P  K  C  Ü  V  J  W  X
E  D  R  É  T  H  O  J  F  G  L  R  O  D
X  G  G  S  X  K  C  F  L  V  Z  T  I  H
V  U  L  Z  Á  C  S  N  J  C  D  W  S  L
N  B  P  Í  L  H  O  M  L  O  K  T  Z  I
U  M  V  V  L  O  N  N  S  K  S  L  E  W
A  J  Á  Z  S  H  L  W  E  T  E  S  M  P
B  E  J  N  É  X  K  J  C  F  W  D  S  K
R  F  Z  V  R  K  Ö  Y  N  Ö  K  G  T  B
```

SZÁJ	SZEM
FEJ	VÁLL
AGY	FÜL
SZÍV	BŐR
KÖNYÖK	LÁB
UJJ	NYAK
TÉRD	ÁLL
ÁLLKAPOCS	VÉR
KÉZ	HOMLOK
ORR	BOKA

48 - Restaurante #1

```
G B J K O N Y H A Y Z I C D
A L L E R G I A O X N F S T
E N N I D K E N Y É R Ű I X
B P S Z A L V É T A V S R P
E L S T M E N Ü H A U Z K V
F K Ő V E T E Z S S Ö E E K
Y O X N S X Á M Ú Ő H R U É
A I G W S C F N H N K E V S
V H N L Á T M U Y R J S K U
S O B O A H U U L É M B K M
R Z H R T L F P F C R R K P
P B Ó S O R Á T Z N É P Á B
Y Z K S U T M S Z I N Z V B
S T R E Z S S E D P Z V É C
```

ALLERGIA	ÖSSZETEVŐK
KÁVÉ	MENÜ
PÉNZTÁROS	SZÓSZ
HÚS	KENYÉR
ENNI	FŰSZERES
KONYHA	TÁNYÉR
KÉS	FOGLALÁS
CSIRKE	DESSZERT
PINCÉRNŐ	TÁL
SZALVÉTA	

49 - Caminhada

```
Á  R  S  O  W  T  E  R  M  É  S  Z  E  T
L  A  M  Z  I  S  C  H  E  G  Y  L  I  Ú
L  M  D  K  I  V  Í  Z  H  L  F  U  O  T
A  E  S  G  C  K  A  X  U  V  Z  S  R  M
T  I  É  V  L  X  L  E  T  G  R  L  I  U
O  X  T  Z  C  M  D  A  P  H  R  J  E  T
K  Z  Í  R  V  T  N  E  H  É  Z  E  N  A
I  K  Z  D  O  A  F  Á  R  A  D  T  T  T
V  E  S  Z  É  L  Y  E  K  V  A  D  Á  Ó
B  V  É  E  P  J  I  R  F  O  L  O  C  K
V  Ö  K  O  T  A  L  M  O  P  K  M  I  A
J  K  Ő  W  O  H  N  G  M  J  A  R  Ó  N
U  A  L  Y  C  G  N  I  P  M  E  K  A  E
K  P  E  J  F  É  T  É  R  K  É  P  N  P
```

KEMPING	ORIENTÁCIÓ
ÁLLATOK	PARKOK
VÍZ	KÖVEK
CSIZMA	SZIKLA
FÁRADT	VESZÉLYEK
ÉGHAJLAT	NEHÉZ
ÚTMUTATÓK	ELŐKÉSZÍTÉS
TÉRKÉP	VAD
HEGY	NAP
TERMÉSZET	

50 - Beleza

```
A O S Z Í N E L E G Á N S F
B I L W O L P S L O C D Z O
S Á C L H V Z A M A Z A Ú T
H D J N Ó M D C S E V N R O
K Y F C A Z X H I F C S A G
D F S X K G R Z M Ü A O G É
T E R M É K E K A R Ő B M N
S T Y L I S T L W T F F E Y
R A O L A J O K E Ö W G Y K
C L G E Z Z O Y O K N I M S
L L R W K E G Y E L E M Y B
J I L S K O Z M E T I K A J
T Ü K Ö R S A M P O N H F S
E M D B N M T Z G R L S E M
```

RÚZS

FÜRTÖK

BÁJ

SZÍN

KOZMETIKA

ELEGÁNS

ELEGANCIA

TÜKÖR

STYLIST

FOTOGÉN

ILLAT

KEGYELEM

SMINK

OLAJOK

BŐR

TERMÉKEK

SIMA

OLLÓ

SAMPON

51 - Filantropia

```
G  Y  X  K  T  Ö  R  T  É  N  E  L  E  M
L  V  P  A  C  G  Y  E  R  M  E  K  E  K
O  G  Y  P  Y  S  R  N  G  F  B  R  S  N
B  K  Á  C  A  O  O  I  U  J  G  G  Z  A
Á  Ö  P  S  I  M  S  P  B  K  É  Á  Ü  G
L  Z  É  O  Ú  A  P  Z  O  E  S  S  K  Y
I  Ö  N  L  W  J  A  B  R  R  E  Y  S  L
S  S  Z  A  U  Z  F  N  Y  E  T  N  É  E
D  S  Ü  T  A  A  Y  I  Z  B  N  O  G  L
Z  É  G  O  D  Y  F  B  B  M  I  K  K  K
L  G  Y  K  O  P  A  L  A  E  Z  É  O  Ű
K  Ü  L  D  E  T  É  S  L  D  S  T  L  S
N  K  I  H  Í  V  Á  S  O  K  Ő  Ó  É  É
P  R  O  G  R  A  M  O  K  F  P  J  C  G
```

JÓTÉKONYSÁG	CSOPORTOK
KÖZÖSSÉG	TÖRTÉNELEM
KAPCSOLATOK	ŐSZINTESÉG
GYERMEKEK	IFJÚSÁG
KIHÍVÁSOK	KÜLDETÉS
PÉNZÜGY	SZÜKSÉG
ALAPOK	CÉLOK
NAGYLELKŰSÉG	EMBEREK
GLOBÁLIS	PROGRAMOK

52 - Ecologia

É	É	N	Z	L	B	F	F	V	T	T	T	F	F
L	L	G	Ö	V	R	A	A	Z	E	E	E	O	E
T	E	Ő	H	V	Y	P	J	V	Z	N	R	R	N
K	N	V	H	A	É	P	T	X	S	G	M	R	N
H	N	R	A	E	J	N	A	B	É	E	É	Á	T
T	J	G	M	J	L	L	Y	F	M	R	S	S	A
B	C	E	R	S	N	Y	A	Z	R	I	Z	O	R
M	O	C	S	Á	R	O	N	T	E	D	E	K	T
A	S	Z	Á	L	Y	D	U	L	T	T	T	E	H
T	Ú	L	É	L	É	S	A	E	C	H	E	Y	A
H	G	É	S	E	L	É	F	K	O	S	S	G	T
N	Ö	V	É	N	Y	V	I	L	Á	G	S	E	Ó
K	Ö	Z	Ö	S	S	É	G	E	K	D	B	H	T
N	Ö	V	É	N	Y	E	K	Z	I	M	R	X	F

ÉGHAJLAT	TERMÉSZET
KÖZÖSSÉGEK	MOCSÁR
SOKFÉLESÉG	NÖVÉNYEK
FAUNA	FORRÁSOK
NÖVÉNYVILÁG	ASZÁLY
ÉLŐHELY	TÚLÉLÉS
TENGERI	FENNTARTHATÓ
HEGYEK	FAJTA
TERMÉSZETES	NÖVÉNYZET

53 - Família

```
U  A  G  Y  E  R  M  E  K  K  O  R  B  W
J  O  Y  V  N  J  V  V  L  G  R  A  T  F
P  I  A  A  N  Y  A  I  Á  Y  A  P  I  P
U  N  O  K  A  Ö  C  S  N  E  P  A  G  B
P  É  P  M  K  G  P  J  Y  R  A  I  N  L
F  N  Z  H  G  M  A  M  A  M  Y  G  A  N
N  A  G  Y  A  P  A  R  P  E  U  F  T  I
G  Y  E  R  M  E  K  E  K  K  N  É  E  P
C  É  V  A  R  N  O  O  O  M  O  R  S  H
B  H  S  B  P  B  N  Z  J  Z  K  J  T  V
R  F  I  E  M  A  U  U  Z  B  A  Z  V  R
Ő  S  K  L  L  P  T  E  T  D  H  Y  É  M
X  Y  C  I  X  E  D  F  C  B  Ú  A  R  J
A  N  Y  A  E  C  F  B  P  U  G  C  W  S
```

ŐS	FÉRJ
NAGYMAMA	ANYAI
NAGYAPA	ANYA
GYERMEK	UNOKA
GYERMEKEK	APA
FELESÉG	APAI
LÁNYA	UNOKAHÚG
GYERMEKKOR	UNOKAÖCS
TESTVÉR	NÉNI

54 - Férias #2

```
S  T  R  É  T  T  E  R  E  M  S  U  B  M
R  Z  E  T  É  R  K  É  P  E  X  T  N  M
E  Z  I  N  Z  M  A  L  L  J  M  A  Ú  X
P  M  X  G  G  N  I  P  M  E  K  Z  T  W
Ü  Y  A  C  E  E  R  G  F  M  K  Á  L  K
L  V  T  O  W  T  R  J  V  U  O  S  E  Ü
Ő  F  Ő  D  I  D  A  B  A  Z  S  S  V  L
T  M  P  T  N  K  K  J  R  Í  Á  Z  É  F
É  U  X  Y  J  A  E  R  O  V  L  Á  L  Ö
R  T  Z  W  L  X  R  C  T  R  A  L  F  L
T  S  Z  Á  L  L  Í  T  Á  S  L  L  O  D
H  E  G  Y  E  K  M  M  S  V  G  O  T  I
J  Y  T  X  W  Y  M  W  R  Y  O  D  Ó  J
N  N  Y  A  R  A  L  Á  S  W  F  A  K  A
```

KEMPING	HEGYEK
REPÜLŐTÉR	ÚTLEVÉL
KÜLFÖLDI	STRAND
NYARALÁS	FOGLALÁSOK
FOTÓK	ÉTTEREM
SZÁLLODA	TAXI
SZIGET	SÁTOR
SZABADIDŐ	SZÁLLÍTÁS
TÉRKÉP	UTAZÁS
TENGER	VÍZUM

55 - Edifícios

```
K  L  E  J  H  N  O  I  D  A  T  S  E  W
T  J  I  K  F  A  L  O  K  S  I  K  C  X
P  A  J  T  A  G  S  Z  Á  L  L  O  D  A
K  U  T  P  F  Y  L  F  A  X  C  G  E  G
Y  C  Z  E  H  K  K  A  V  X  R  A  G  Y
V  S  W  Y  C  Ö  P  A  K  C  V  R  Y  Á
X  Z  P  F  P  V  D  H  B  Á  K  Á  E  R
K  Í  A  M  U  E  Z  Ú  M  I  S  Z  T  O
Y  N  O  R  O  T  T  R  X  Y  N  S  E  T
N  H  N  G  Á  S  A  D  Z  A  G  C  M  Á
R  Á  V  H  J  É  K  Ó  R  H  Á  Z  R  S
A  Z  T  A  U  G  P  C  M  O  Z  I  A  J
L  A  B  O  R  A  T  Ó  R  I  U  M  D  N
S  Z  U  P  E  R  M  A  R  K  E  T  P  P
```

LAKÁS	GARÁZS
KABIN	KÓRHÁZ
VÁR	SZÁLLODA
PAJTA	LABORATÓRIUM
MOZI	MÚZEUM
NAGYKÖVETSÉG	SZUPERMARKET
ISKOLA	SZÍNHÁZ
STADION	SÁTOR
GAZDASÁG	TORONY
GYÁR	EGYETEM

56 - Xadrez

```
S  A  F  F  T  O  R  N  A  B  T  B  V  S
O  V  T  E  T  E  K  E  F  A  D  N  E  T
K  C  H  H  I  I  S  J  D  N  D  P  R  R
É  I  K  É  T  Á  J  M  M  Y  W  X  S  A
T  S  R  R  W  T  A  N  U  L  N  I  E  T
Á  F  Z  Á  N  T  A  T  S  L  W  W  N  É
J  V  K  A  L  É  F  N  E  L  L  E  Y  G
P  Í  L  E  B  Y  F  E  A  A  S  U  L  I
P  Z  K  D  G  Á  N  V  H  F  S  D  Á  A
O  S  Ó  L  T  Á  L  Ő  R  V  N  L  R  F
N  S  V  Ő  B  S  B  Y  R  G  K  M  I  X
T  A  Z  O  D  L  Á  I  O  R  K  G  K  V
O  P  K  U  G  I  F  B  W  K  E  D  Y  C
K  O  S  Á  V  Í  H  I  K  O  N  J  A  B
```

TANULNI	PASSZÍV
FEHÉR	PONTOK
BAJNOK	FEKETE
VERSENY	KIRÁLYNŐ
KIHÍVÁSOK	SZABÁLYOK
ÁTLÓS	KIRÁLY
STRATÉGIA	ÁLDOZAT
JÁTÉKOS	IDŐ
JÁTÉK	TORNA
ELLENFÉL	

57 - Aventura

```
E K S N O V Ú T V O N A L S
L I Z S É D E S E K L E L Z
Ő H O B U P Y S H D Z P G É
K Í K D N G E C Z W Y Y É P
É V A J A U F W R É Z U S S
S Á T H V E S É L Y L E Y É
Z S L X I L Z V E Z B Y N G
Í O A B G Á S R O T Á B E X
T K N G Á S N O T Z I B K S
É D U G C B A R Á T O K É Ö
S D K H I M E G L E P Ő V R
T G X Z Ó K D U T J Ú G E Ö
K I R Á N D U L Á S J A T M
T E R M É S Z E T J M R J Y
```

ÖRÖM
BARÁTOK
TEVÉKENYSÉG
SZÉPSÉG
BÁTORSÁG
ESÉLY
KIHÍVÁSOK
LELKESEDÉS
KIRÁNDULÁS

SZOKATLAN
ÚTVONAL
TERMÉSZET
NAVIGÁCIÓ
ÚJ
VESZÉLYES
ELŐKÉSZÍTÉS
BIZTONSÁG
MEGLEPŐ

58 - Floresta Tropical

```
T  T  K  O  R  A  V  O  R  B  F  T  N  V
E  Ú  I  Ö  C  T  A  L  J  A  H  G  É  J
Z  E  L  S  Z  C  N  K  É  D  E  N  E  M
S  M  D  É  Z  Ö  H  L  Y  T  L  K  B  S
É  L  O  K  L  T  S  B  E  C  Y  É  O  O
M  Ő  T  I  L  É  E  S  F  K  R  T  T  K
R  S  T  B  H  X  S  L  É  H  E  É  A  F
E  Ö  T  U  W  W  É  E  E  G  Á  L  N  É
T  K  H  J  P  R  Z  G  P  T  L  T  I  L
F  E  L  H  Ő  K  R  N  W  L  L  Ű  K  E
F  A  J  R  U  X  Ő  U  P  O  Í  E  A  S
L  H  H  M  X  Y  G  S  I  I  T  K  M  É
G  O  F  N  T  F  E  Z  K  S  Á  X  D  G
X  M  N  F  H  J  M  D  C  M  S  M  L  R
```

KÉTÉLTŰEK	TERMÉSZET
BOTANIKA	FELHŐK
ÉGHAJLAT	MEGŐRZÉS
KÖZÖSSÉG	MENEDÉK
SOKFÉLESÉG	TISZTELET
FAJ	HELYREÁLLÍTÁS
ROVAROK	DZSUNGEL
EMLŐSÖK	TÚLÉLÉS
MOHA	

59 - Cidade

```
S  S  A  D  É  R  A  U  P  É  K  S  É  G
Z  Z  R  Á  T  R  E  Z  S  Y  G  Ó  Y  G
Í  U  S  L  T  D  S  P  I  F  I  E  D  H
N  P  T  V  E  O  K  J  Ü  S  K  Y  U  K
H  E  A  I  R  É  L  A  G  L  K  C  P  F
Á  R  D  D  E  K  I  N  N  H  Ő  O  H  P
Z  M  I  D  M  A  T  M  D  C  G  T  L  N
Z  A  O  S  U  R  Á  G  Á  R  I  V  É  A
M  R  N  M  E  P  I  A  C  G  U  C  V  R
O  K  E  L  Z  Á  L  L  A  T  K  E  R  T
Z  E  I  K  Ú  N  K  E  G  Y  E  T  E  M
I  T  K  D  M  R  U  N  O  L  A  Z  S  I
K  S  Z  Á  L  L  O  D  A  X  J  D  Y  C
K  Ö  N  Y  V  T  Á  R  E  B  S  D  J  W
```

REPÜLŐTÉR	ÁLLATKERT
BANK	PIAC
KÖNYVTÁR	MÚZEUM
MOZI	PÉKSÉG
ISKOLA	ÉTTEREM
STADION	SZALON
GYÓGYSZERTÁR	SZUPERMARKET
VIRÁGÁRUS	SZÍNHÁZ
GALÉRIA	EGYETEM
SZÁLLODA	

60 - Música

```
X P H A N D B M L E K E N É
I I F O B F É A G Í T Z J S
K Ö L T Ő I N L L R R G F L
E Z O T W O E L E L S A A W
S E Y E D I K A T B A Z I K
Z N É M P S E D É M X D A Ó
K É N P V B S V V B M O A R
Ö S E Ó B M U B L A I P I U
Z Z K R I Y B X E L K E N S
Z P X H O H Z L F Y R R Ó U
I E R Ö G T Ö N Ö Z O A M M
U S N L D Y H I U S F A R T
E J H E Y K H N T B O G A I
C A I C I G B F D V N X H R
```

ALBUM	DALLAM
BALLADA	MIKROFON
ÉNEKEL	ZENEI
ÉNEKES	ZENÉSZ
KÓRUS	OPERA
FELVÉTEL	KÖLTŐI
HARMÓNIA	RITMUS
RÖGTÖNÖZ	TEMPÓ
ESZKÖZ	ÉNEK
LÍRAI	

61 - Matemática

```
S  Y  A  U  P  A  L  A  L  G  É  T  R  P
U  C  I  Z  O  O  T  P  A  U  K  F  X  I
G  Y  R  M  L  V  L  A  I  T  X  W  K  N
Á  J  T  T  I  T  P  G  R  H  Z  V  R  C
R  E  E  B  G  E  Á  S  T  A  J  S  C  H
G  Ö  M  B  O  L  C  T  E  Z  Y  G  É  N
X  M  O  C  N  Ü  W  P  M  K  V  W  V  E
L  S  E  D  P  R  F  S  M  É  D  S  Ö  G
L  C  G  N  R  E  I  Ő  I  D  R  B  S  Y
S  Z  Á  M  O  K  B  V  Z  E  J  Ő  S  E
M  E  R  Ő  L  E  G  E  S  R  S  F  Z  N
S  Z  Ö  G  E  K  C  T  W  Ö  F  I  E  L
I  X  S  E  D  E  Z  I  T  T  I  P  G  E
S  Z  Á  M  T  A  N  K  T  B  H  O  H  T
```

SZÁMTAN	SZÁMOK
SZÖGEK	KERÜLET
TIZEDES	MERŐLEGES
ÁTMÉRŐ	POLIGON
EGYENLET	NÉGYZET
GÖMB	SUGÁR
KITEVŐ	TÉGLALAP
TÖREDÉK	SZIMMETRIA
GEOMETRIA	ÖSSZEG

62 - Saúde e Bem Estar #1

```
B D K O M U I R É T K A B S
K Y G Á S S A G A M L V E Z
O A É I D E G E K W I Í C O
T E S T T A R T Á S N R Y K
N E H U Z O Ő Y E Z I U I Á
O O É V V L B D A R K S N S
S S Á D Ó L O S C P A K I K
C É B T H O R M O N O K K H
Z R X E L F E R L V R J E C
B Ö B R U I F E Z P R Y Z K
C T P Á R W E R R G V O E U
E J Z P A A K T Í V M M L E
Y F R I O R V O S S Á G É X
D P M A J X G L J P Y J S F
```

MAGASSÁG   IDEGEK
AKTÍV   CSONTOK
BAKTÉRIUMOK   BŐR
KLINIKA   TESTTARTÁS
ORVOS   REFLEX
ÉHSÉG   KIKAPCSOLÓDÁS
TÖRÉS   TERÁPIA
SZOKÁS   KEZELÉS
HORMONOK   VÍRUS
ORVOSSÁG

63 - Natureza

```
D  E  R  D  Ő  B  E  B  J  W  N  C  S  E
Ö  I  G  M  T  G  É  S  P  É  Z  S  Z  S
K  S  N  D  M  L  T  K  N  J  G  N  E  B
E  U  G  A  G  L  P  X  É  K  C  C  N  Á
H  P  T  V  M  R  M  L  D  S  W  M  T  L
É  Ó  A  A  A  I  E  R  Ó  Z  I  Ó  É  L
M  R  Z  A  B  D  K  Ő  H  L  E  F  L  A
Y  T  O  L  C  L  T  U  V  W  M  B  Y  T
O  N  B  A  Z  S  Y  M  S  Ű  R  E  D  O
N  W  M  E  N  E  D  É  K  D  K  M  E  K
E  W  O  S  A  R  K  V  I  D  É  K  I  A
Ó  Y  L  O  F  F  G  L  E  C  C  S  E  R
S  I  V  A  T  A  G  T  M  A  D  W  N  A
L  É  T  F  O  N  T  O  S  S  Á  G  Ú  P
```

MÉHEK	GLECCSER
MENEDÉK	KÖD
ÁLLATOK	FELHŐK
SARKVIDÉKI	BÉKÉS
SZÉPSÉG	FOLYÓ
SIVATAG	SZENTÉLY
DINAMIKUS	VAD
ERÓZIÓ	DERŰS
ERDŐ	TRÓPUSI
LOMBOZAT	LÉTFONTOSSÁGÚ

64 - A Empresa

```
G R K K Ü I N N O V A T Í V
L R R V Z F O R R Á S O K P
J V N Y L E T É V E B Z N E
K E D N E R T I K É M R E T
S Á T A T U M E B G N G N B
L B W E I L D E M L L R J M
B E R U H Á Z Á S O E K Í X
D I A M K A Z S Á B H R M H
Z Ö P R D K N B D Á E E I K
T P N A F I H Y A L T A N O
V F K T R O C A L I Ő T Ő R
D J X A É R E A A S S Í S U
I V I T O S Z J H I É V É I
K O C K Á Z A T O K G W G S
```

BEMUTATÁS	TERMÉK
KREATÍV	SZAKMAI
DÖNTÉS	HALADÁS
GLOBÁLIS	MINŐSÉG
IPAR	BEVÉTEL
INNOVATÍV	FORRÁSOK
BERUHÁZÁS	HÍRNÉV
ÜZLETI	KOCKÁZATOK
LEHETŐSÉG	TRENDEK

65 - Aviões

```
P  S  Z  Á  R  M  A  Z  Á  S  K  L  J  T
B  I  I  R  Á  N  Y  Ő  L  G  A  E  M  Ö
W  A  L  S  R  Ö  K  G  É  L  L  G  A  R
E  K  L  Ó  O  U  X  E  N  H  A  É  G  T
Ü  I  J  L  T  B  N  V  S  J  N  N  A  É
V  Z  A  C  O  A  D  E  F  B  D  Y  S  N
A  Ó  E  E  M  N  N  L  D  F  D  S  S  E
X  J  Z  M  G  Y  N  Z  I  H  W  É  Á  L
T  A  W  K  A  F  E  L  F  Ú  J  G  G  E
D  H  B  A  H  N  É  G  O  R  D  I  H  M
É  P  Í  T  É  S  Y  É  Y  Y  Y  H  G  O
L  O  R  H  O  T  S  A  T  U  Y  C  K  Y
P  S  X  I  U  I  A  S  G  D  L  O  E  Z
R  T  E  G  L  E  S  Z  Á  L  L  Á  S  F
```

MAGASSÁG	IRÁNY
LEVEGŐ	HIDROGÉN
LESZÁLLÁS	TÖRTÉNELEM
LÉGKÖR	FELFÚJ
KALAND	MOTOR
BALLON	HAJÓZIK
ÉG	UTAS
ÜZEMANYAG	PILÓTA
ÉPÍTÉS	LEGÉNYSÉG
SZÁRMAZÁS	

66 - Tipos de Cabelo

```
Z  F  F  G  W  B  E  E  E  H  E  Z  W  I
Y  É  O  F  Ü  R  T  Ö  K  U  G  S  R  P
E  N  N  A  S  A  E  E  Ő  L  É  I  M  H
Y  Y  O  T  G  P  K  C  Z  L  S  N  X  W
S  E  T  K  R  X  E  O  S  Á  Z  Ó  O  U
V  S  T  H  É  F  S  E  M  S  R  R  Y  M
A  E  E  T  X  V  F  G  U  O  É  O  Z  F
S  N  E  Z  G  K  M  Ö  L  S  G  T  C  E
T  Í  S  R  Ü  P  X  N  M  C  E  W  H  H
A  Z  P  M  J  S  P  D  K  S  S  L  C  É
G  S  O  U  C  Y  T  Ö  B  A  R  N  A  R
Y  G  J  G  H  J  M  R  H  O  S  S  Z  Ú
V  Z  F  A  H  A  S  Z  Ü  R  K  E  F  X
S  Z  Á  R  A  Z  K  O  P  A  S  Z  B  U
```

FEHÉR	HOSSZÚ
FÉNYES	BARNA
FÜRTÖK	HULLÁMOS
KOPASZ	EZÜST
SZÜRKE	FEKETE
SZÍNES	EGÉSZSÉGES
GÖNDÖR	SZÁRAZ
VÉKONY	PUHA
VASTAG	FONOTT
SZŐKE	ZSINÓR

67 - Criatividade

```
D  É  R  Z  E  L  M  E  K  P  N  K  K  V
R  H  G  M  L  K  E  S  É  Z  R  É  É  I
Á  I  N  T  E  N  Z  I  T  Á  S  P  S  L
M  H  I  T  E  L  E  S  S  É  G  Z  Z  Á
A  I  K  I  F  E  J  E  Z  É  S  E  S  G
I  Y  N  O  K  É  L  Á  L  A  T  L  É  O
Z  V  D  T  T  L  B  D  N  U  E  E  G  S
S  Í  X  U  U  T  U  E  B  K  L  T  P  S
É  Z  G  K  D  Í  V  S  N  V  H  B  M  Á
V  I  F  J  J  U  C  V  E  Y  I  C  L  G
Ű  Ó  Y  G  K  Z  K  I  E  O  O  E  F  V
M  K  V  V  U  K  É  P  Ó  Z  H  M  I  T
F  O  L  Y  É  K  O  N  Y  S  Á  G  Á  J
S  P  O  N  T  Á  N  Z  G  H  E  M  Y  S
```

MŰVÉSZI	KÉP
HITELESSÉG	KÉPZELET
VILÁGOSSÁG	BENYOMÁS
DRÁMAI	IHLET
ÉRZELMEK	INTENZITÁS
SPONTÁN	INTUÍCIÓ
KIFEJEZÉS	TALÁLÉKONY
FOLYÉKONYSÁG	ÉRZÉSEK
KÉSZSÉG	VÍZIÓK

68 - Dias e Meses

```
N W K H U D R O K T Ó B E R
E O K N B V Z J A E J L F É
B Z V K W R A J Ú N I U S V
C D D E K A H S G M K R U F
O V B I M T T U Á A E Á I E
I F S M P B S Z N R T T L B
J A N U Á R E K A S N P Ú R
S Z O M B A T R P I É A J U
A U G U S Z T U S L P N P Á
U P Y Y R T T F W I H A Ő R
S Z E P T E M B E R Z É F V
G A V M H Ó N A P P T P T I
C S Ü T Ö R T Ö K Á A L É H
D E C E M B E R Z G B H H A
```

ÁPRILIS	HÓNAP
AUGUSZTUS	NOVEMBER
ÉV	OKTÓBER
NAPTÁR	CSÜTÖRTÖK
DECEMBER	SZOMBAT
VASÁRNAP	HÉTFŐ
FEBRUÁR	HÉT
JANUÁR	SZEPTEMBER
JÚLIUS	PÉNTEK
JÚNIUS	KEDD

69 - Saúde e Bem Estar #2

```
G  É  S  G  E  T  E  B  W  Z  P  V  Z  J
V  I  T  A  M  I  N  N  D  Á  H  T  G  C
T  S  É  T  Z  S  É  M  E  H  E  Z  G  K
V  I  C  S  A  J  C  U  A  R  Y  L  Ú  S
T  X  U  E  E  L  K  M  B  Ó  G  M  E  G
F  X  S  T  D  H  L  Y  Y  K  Á  I  S  D
E  G  H  F  I  J  D  E  I  X  V  D  A  P
L  E  A  K  E  C  R  I  R  A  T  É  I  D
É  N  N  A  F  R  I  M  F  G  É  E  M  R
P  E  G  L  P  K  T  H  L  H  I  G  Ó  N
Ü  T  U  Ó  W  A  J  Ő  V  G  A  A  T  Z
L  I  L  R  U  V  N  G  Z  X  N  Y  A  O
É  K  A  I  H  É  T  K  L  É  C  F  N  I
S  A  T  A  A  R  S  Z  Á  Z  S  S  A  M
```

ALLERGIA	GENETIKA
ANATÓMIA	KÓRHÁZ
ÉTVÁGY	HANGULAT
KALÓRIA	FERTŐZÉS
TEST	MASSZÁZS
DIÉTA	SÚLY
EMÉSZTÉS	FELÉPÜLÉS
BETEGSÉG	VÉR
ENERGIA	VITAMIN

70 - Geografia

```
S  Z  I  G  E  T  S  G  F  N  A  V  Y  L
D  O  D  P  K  J  Z  O  O  Y  T  Á  U  X
C  O  Y  G  E  H  É  R  L  U  L  R  J  Y
H  B  B  W  T  I  L  S  Y  G  A  O  F  T
W  K  U  Y  L  U  E  Z  Ó  A  S  S  M  É
M  O  P  Z  É  P  S  Á  G  T  Z  O  K  R
E  N  T  E  F  O  S  G  V  I  L  Á  G  K
R  T  R  D  H  K  É  D  I  V  D  D  U  É
I  I  W  T  R  K  G  B  O  G  K  N  É  P
D  N  I  B  U  M  A  G  A  S  S  Á  G  L
I  E  I  X  J  M  F  Z  A  P  T  E  O  I
Á  N  T  E  N  G  E  R  S  P  Y  C  T  P
N  S  T  E  R  Ü  L  E  T  É  N  Ó  B  Z
J  W  O  B  N  E  E  R  B  Z  V  R  H  Y
```

MAGASSÁG	HEGY
ATLASZ	VILÁG
VÁROS	ÉSZAK
KONTINENS	ÓCEÁN
FÉLTEKE	NYUGAT
SZIGET	ORSZÁG
SZÉLESSÉG	VIDÉK
TÉRKÉP	FOLYÓ
TENGER	DÉL
MERIDIÁN	TERÜLET

71 - Antártica

```
E  Y  J  S  Á  R  Á  T  L  E  F  V  U  P
X  R  E  Á  Z  V  A  P  C  M  M  M  Í  M
P  B  F  L  H  I  J  U  F  X  C  E  T  Z
E  H  J  K  T  Ö  G  Z  J  Y  I  G  U  K
D  T  X  I  A  B  J  E  F  S  K  Ő  D  U
Í  N  F  Z  X  Ö  A  Z  T  N  K  R  O  T
C  H  C  S  M  L  J  W  F  E  V  Z  M  A
I  M  I  G  R  Á  C  I  Ó  N  K  É  Á  T
Ó  F  Ö  L  D  R  A  J  Z  I  Á  S  N  Ó
F  É  L  S  Z  I  G  E  T  T  N  L  Y  F
P  I  N  G  V  I  N  E  K  N  L  V  O  A
J  É  G  U  Y  P  A  C  T  O  Á  F  S  B
O  T  E  Z  E  Y  N  R  Ö  K  B  B  J  R
I  V  H  H  Ő  M  É  R  S  É  K  L  E  T
```

KÖRNYEZET	JÉG
VÍZ	FÖLDRAJZ
ÖBÖL	SZIGETEK
BÁLNÁK	KUTATÓ
TUDOMÁNYOS	MIGRÁCIÓ
MEGŐRZÉS	FÉLSZIGET
KONTINENS	PINGVINEK
EXPEDÍCIÓ	SZIKLÁS
FELTÁRÁS	HŐMÉRSÉKLET

72 - Flores

```
P A I L Ó N G A M D B W S R
I S V T D F X I A M I K I Ó
T Z G G U N V N I M Z Á J Z
Y Ó P Á B J B É R C S M H S
P R O R C H I D E A Z T A A
A A Z I C A C R M F I U L L
N S U V Z S N A U S R L V U
G Z V M C O O G L D O I Á D
D A T Ö S Y G K P L M P N N
G B E R E H Ó L O E O Á Y E
S M C Ö Z B T C C R I N L V
Z S U K Z S I B I H L X I E
N A P R A F O R G Ó I B L L
I O T Z S G I I Y A L H A C
```

CSOKOR	MAGNÓLIA
KÖRÖMVIRÁG	ORCHIDEA
PITYPANG	MÁK
GARDÉNIA	BAZSARÓZSA
NAPRAFORGÓ	SZIROM
HIBISZKUSZ	PLUMERIA
JÁZMIN	RÓZSA
LEVENDULA	LÓHERE
HALVÁNYLILA	TULIPÁN
LILIOM	

73 - Fazenda #1

```
N  I  Z  S  N  S  Z  B  M  K  W  F  K  S
L  E  N  Z  O  Y  N  J  E  O  W  M  U  M
Y  O  Z  É  M  O  Á  E  Z  U  F  R  T  M
B  W  B  N  L  W  R  J  Ő  Z  E  M  Y  B
P  W  J  A  Ó  E  I  F  G  U  G  R  A  V
V  L  E  K  S  C  E  K  A  P  Z  M  É  H
Í  Z  T  S  H  X  K  R  Z  Y  B  W  P  R
Z  J  A  C  P  J  R  M  D  D  G  K  V  F
I  L  H  A  P  Ú  I  P  A  Y  T  Á  A  L
Z  R  I  M  X  J  S  G  S  R  L  P  R  A
S  Z  A  M  Á  R  C  M  Á  X  I  M  J  T
M  A  L  A  C  O  Y  T  G  M  N  Z  Ú  R
I  U  G  N  J  B  T  E  H  É  N  O  S  Z
K  E  R  Í  T  É  S  V  K  C  L  W  D  K
```

MÉH	KERÍTÉS
MEZŐGAZDASÁG	VARJÚ
RIZS	SZÉNA
VÍZ	TRÁGYA
BORJÚ	CSIRKE
SZAMÁR	MACSKA
KECSKE	MÉZ
MEZŐ	MALAC
LÓ	NYÁJ
KUTYA	TEHÉN

74 - Livros

```
K W Y O W W O Ő P T L E K C
A Z N L A D L O Z Ö I R Ö R
L W X V R A Z D C R H N L K
A D V A V R U H W T E F T O
N O U S B K Z X C É B Z É N
D S M Ó F K N R B N V V S T
Ó Z O K T A N O V E D I Z E
Y H E P I K U S E L S M E X
N T Ö R T É N E T M O L T T
É V E R S L W K W I R A T U
G Y Ű J T E M É N Y O D O S
E K E T T Ő S S É G Z O R J
R N A R R Á T O R M A R Í E
T A L Á L É K O N Y T I N U
```

SZERZŐ
KALAND
GYŰJTEMÉNY
KONTEXTUS
KETTŐSSÉG
ÍROTT
EPIKUS
TÖRTÉNET
TÖRTÉNELMI
TALÁLÉKONY

OLVASÓ
IRODALMI
NARRÁTOR
OLDAL
VERS
KÖLTÉSZET
IDE VONATKOZÓ
REGÉNY
SOROZAT

75 - Governo

```
T  Ö  R  V  É  N  Y  B  É  K  É  S  X  M
F  S  C  I  F  D  N  K  Á  P  W  U  T  D
Ü  Z  P  G  E  S  Á  N  E  L  B  N  V  X
G  A  O  A  T  F  M  L  E  R  L  K  L  O
G  B  L  Z  N  W  T  M  I  M  Ü  A  R  V
E  A  I  S  P  K  O  D  M  V  Z  L  M  E
T  D  T  Á  Ű  M  K  É  L  M  E  E  E  Ő
L  S  I  G  K  Z  L  Z  Z  P  Z  Y  T  T
E  Á  K  O  R  S  A  S  I  O  G  U  A  E
N  G  A  S  M  A  T  E  L  L  H  S  P  Z
S  C  I  S  P  Z  I  B  I  G  Y  N  C  E
É  Z  M  Á  U  U  V  Z  F  Á  I  X  Y  V
G  L  H  G  I  G  Á  S  Ó  R  Í  B  C  P
N  E  M  Z  E  T  I  B  P  I  I  J  M  F
```

POLGÁRI	TÖRVÉNY
ALKOTMÁNY	SZABADSÁG
BESZÉD	VEZETŐ
VITA	EMLÉKMŰ
KERÜLET	NEMZETI
ÁLLAM	NEMZET
FÜGGETLENSÉG	BÉKÉS
BÍRÓSÁGI	POLITIKA
IGAZSÁGOSSÁG	

76 - Jardinagem

```
T  Ö  M  L  Ő  Z  Y  L  Á  T  R  A  T  K
B  O  T  A  N  I  K  A  J  A  F  M  R  S
K  Y  R  L  D  Z  Y  K  G  L  Y  S  T  A
V  I  R  Á  G  F  H  S  Y  A  J  L  W  O
L  Y  L  M  P  F  T  A  L  J  A  H  G  É
E  G  Y  Ü  M  Ö  L  C  S  Ö  S  U  J  M
V  R  H  L  E  G  Z  O  T  I  K  U  S  S
É  V  I  R  Á  G  O  S  U  L  D  I  W  I
L  M  A  G  O  K  K  O  M  P  O  S  Z  T
M  X  G  É  S  S  E  V  D  E  N  R  E  V
W  O  A  Z  Z  F  X  G  I  J  H  R  Z  Í
S  Z  E  Z  O  N  Á  L  I  S  X  E  Z  Z
V  S  X  L  L  O  M  B  O  Z  A  T  T  Z
D  C  S  O  K  O  R  P  I  S  Z  O  K  Ő
```

VÍZ	LEVÉL
BOTANIKA	LOMBOZAT
CSOKOR	TÖMLŐ
ÉGHAJLAT	GYÜMÖLCSÖS
EHETŐ	TARTÁLY
KOMPOSZT	SZEZONÁLIS
FAJ	MAGOK
EGZOTIKUS	TALAJ
VIRÁG	PISZOK
VIRÁGOS	NEDVESSÉG

77 - Profissões #2

```
M O M F Ú J S Á G Í R Ó Ő W
K É R B C V U O P I L Ó T A
U K R V E F F T V Y X H S D
T E W N O D Ó A J R I M E Z
A R Z H Ö S Z N N K O M F A
T T C C E K O Á D L M G H G
Ó É N P S M L R G S H Y O W
U S Ó T O F I Z P B A K O F
M Z L B S U F Ű R H A J Ó S
U H Z B F E L T A L Á L Ó K
N Y E L V É S Z P O G X T U
K Ö N Y V T Á R O S D I L F
S E B É S Z B I O L Ó G U S
I L L U S Z T R Á T O R L S
```

GAZDA
ŰRHAJÓS
KÖNYVTÁROS
BIOLÓGUS
SEBÉSZ
FOGORVOS
MÉRNÖK
FILOZÓFUS
FOTÓS
ILLUSZTRÁTOR

FELTALÁLÓ
KUTATÓ
KERTÉSZ
ÚJSÁGÍRÓ
NYELVÉSZ
ORVOS
PILÓTA
FESTŐ
TANÁR

78 - Café

```
C  S  Z  Ű  R  Ő  U  E  D  M  V  P  F  K
S  I  O  U  O  N  N  U  A  C  É  Ö  L  O
É  G  G  K  K  K  Y  J  R  V  S  R  B  F
S  F  I  X  U  B  E  L  Á  O  I  K  K  F
Z  Í  T  M  C  Á  Ű  V  L  K  J  Ö  É  E
E  N  A  K  E  F  R  C  Í  U  P  L  D  I
P  M  L  T  K  E  E  D  I  Z  P  T  A  N
C  J  E  T  A  K  S  R  J  O  F  E  Y  O
Y  R  G  G  R  E  E  M  H  E  K  D  L  S
B  O  G  W  O  T  K  R  B  T  N  E  O  I
A  Y  E  O  M  E  Y  D  F  P  V  R  F  K
E  I  R  Z  A  T  J  A  F  S  C  E  X  T
Z  H  U  S  F  D  R  Z  D  V  Z  C  T  J
X  P  Y  K  W  A  W  H  W  P  E  Y  Y  Z
```

CUKOR	TEJ
KESERŰ	FOLYADÉK
AROMA	REGGEL
PÖRKÖLT	DARÁL
VÍZ	EREDET
ITAL	ÁR
KOFFEIN	FEKETE
CSÉSZE	ÍZ
KRÉM	FAJTA
SZŰRŐ	

79 - Negócios

```
M F M Y X K B B K D R W T A
P U N H E Z A K Ö L T S É G
É B N N K M D R M J G D K N
N E L K X T O G R X D D Y Y
Z R I O Á A R Y E I V V N E
Ü U O X A L I Á T R E I É R
G H T K T A T R D T M R M E
Y Á Á R U L E A X P É N Z S
E Z J Y L L L W T C L A E É
L Á J N A Á Z N R Ó C Z V G
A S V S V V Ü F F P T T D S
D X I V F R E S Z D E N E M
Á S É T E V G É S T L Ö K V
S Z O O G A D Ó K Y U G I N
```

KARRIER	MENEDZSER
KÖLTSÉG	ADÓK
KEDVEZMÉNY	BERUHÁZÁS
PÉNZ	ÜZLET
MUNKÁLTATÓ	NYERESÉG
VÁLLALAT	ÁRU
IRODA	VALUTA
GYÁR	KÖLTSÉGVETÉS
PÉNZÜGY	ELADÁS

80 - Fazenda #2

```
Á  X  O  W  F  R  M  H  L  Á  M  A  M  T
R  C  L  E  M  F  B  S  Z  U  I  Z  É  R
P  D  N  Y  T  A  Á  J  L  M  O  Ú  H  A
A  S  C  A  K  G  R  R  T  K  P  B  K  K
K  T  E  J  B  X  Á  O  É  O  G  Z  A  T
Z  U  I  I  L  E  N  T  G  T  Y  H  S  O
R  C  K  S  T  N  Y  Z  Ö  A  Ü  S  C  R
C  F  N  O  C  E  J  S  N  L  M  N  L  G
T  D  R  R  R  A  U  Á  T  L  Ö  Ö  Ö  Y
G  A  Z  D  A  I  H  P  Ö  Á  L  V  M  E
L  K  N  M  S  D  C  J  Z  Z  C  É  Ü  D
É  R  E  T  T  I  B  A  É  F  S  N  Y  B
P  A  J  T  A  K  K  O  S  L  Ö  Y  G  D
A  Z  P  O  U  V  I  G  Z  X  S  I  O  V
```

GAZDA	ÉRETT
ÁLLATOK	KUKORICA
PAJTA	JUH
ÁRPA	PÁSZTOR
MÉHKAS	KACSA
BÁRÁNY	GYÜMÖLCSÖS
GYÜMÖLCS	RÉT
ÖNTÖZÉS	TRAKTOR
TEJ	BÚZA
LÁMA	NÖVÉNYI

81 - Jardim

```
I  B  V  E  Y  L  B  E  R  E  G  T  Y  E
T  S  É  T  Í  R  E  K  S  Y  Y  O  O  P
H  Z  X  G  H  Y  X  H  D  X  Ü  R  Y  Z
W  Á  J  C  B  F  K  L  B  F  M  N  Y  K
D  R  I  F  U  Ő  F  Z  O  G  Ö  Á  A  N
T  A  L  A  J  L  Ű  U  K  X  L  C  H  S
R  G  P  K  L  M  A  Z  O  G  C  T  U  V
E  F  S  S  O  Ö  U  P  R  S  S  G  B  I
K  V  Z  C  P  T  N  F  Á  H  Ö  M  Z  Y
Y  E  G  A  S  Z  Ő  L  Ő  T  S  P  E  U
I  R  Y  V  T  E  R  A  S  Z  U  T  C  G
F  M  E  A  K  S  D  W  V  I  R  Á  G  E
B  A  P  T  R  A  M  B  U  L  I  N  H  R
F  Ü  G  G  Ő  Á  G  Y  Y  K  C  E  K  N
```

GEREBLYE	TAVACSKA
BOKOR	FÜGGŐÁGY
FA	TÖMLŐ
PAD	LAPÁT
KERÍTÉS	GYÜMÖLCSÖS
VIRÁG	TALAJ
GARÁZS	TERASZ
FŰ	TRAMBULIN
GYEP	TORNÁC
KERT	SZŐLŐ

82 - Oceano

```
S  Z  C  Á  P  A  D  Á  V  Y  T  S  V  H
Ó  R  Á  W  Y  I  B  R  K  L  R  L  I  A
R  Á  K  T  B  O  Z  A  F  O  N  W  H  J
P  U  H  F  O  S  X  P  U  W  D  E  A  Ó
U  Y  D  A  X  N  G  Á  F  K  M  N  R  N
T  G  F  E  A  H  Y  L  P  M  T  G  P  A
S  Z  I  V  A  C  S  Y  K  J  I  N  C  G
N  W  A  V  N  A  Z  Ú  D  E  M  S  L  I
D  Y  R  L  L  J  K  U  E  R  J  O  P  R
H  U  L  L  Á  M  O  K  L  A  H  N  O  T
T  B  A  A  B  M  H  D  F  D  D  M  A  Z
L  O  H  R  O  Z  E  P  I  L  O  P  E  S
A  N  G  O  L  N  A  V  N  O  J  J  K  O
B  V  U  K  P  A  T  E  K  N  Ő  S  H  H
```

TONHAL	HULLÁMOK
BÁLNA	OSZTRIGA
HAJÓ	HAL
RÁK	POLIP
KORALL	ZÁTONY
ANGOLNA	SÓ
SZIVACS	TEKNŐS
DELFIN	VIHAR
ÁRAPÁLY	CÁPA
MEDÚZA	

83 - Profissões #1

```
T  P  R  B  Z  S  É  P  É  K  R  É  T  Á
M  U  F  P  R  U  I  Ó  Y  D  G  É  Á  P
Ű  Z  D  D  L  G  U  T  S  H  S  K  N  O
V  E  W  Ó  Z  Ó  R  L  T  J  U  S  C  L
É  N  P  X  S  L  A  O  F  G  G  Z  O  Ó
S  É  V  D  Á  O  S  Z  A  B  Ó  E  S  N
Z  S  X  A  D  E  B  Ű  W  L  L  R  B  A
H  Z  U  R  A  G  I  T  B  Z  O  É  O  G
X  H  Y  D  V  P  S  G  I  D  H  S  W  Y
C  S  I  L  L  A  G  Á  S  Z  C  Z  P  K
Ü  G  Y  V  É  D  R  K  X  B  I  E  U  Ö
B  A  N  K  Á  R  H  A  O  H  Z  A  U  V
P  Ő  T  Z  S  E  K  R  E  Z  S  B  H  E
Z  O  N  G  O  R  I  S  T  A  P  W  T  T
```

ÜGYVÉD	TÁNCOS
SZABÓ	SZERKESZTŐ
MŰVÉSZ	NAGYKÖVET
CSILLAGÁSZ	ÁPOLÓ
BANKÁR	GEOLÓGUS
TŰZOLTÓ	ÉKSZERÉSZ
VADÁSZ	ZENÉSZ
TÉRKÉPÉSZ	ZONGORISTA
TUDÓS	PSZICHOLÓGUS

84 - Força e Gravidade

```
T  K  K  B  M  B  A  Z  I  G  I  D  Ő  T
U  F  W  O  M  E  C  H  A  N  I  K  A  Á
L  G  T  L  D  I  N  A  M  I  K  U  S  V
A  C  G  Y  S  E  B  E  S  S  É  G  Á  O
J  M  É  G  N  D  C  E  N  P  D  G  T  L
D  X  S  Ó  X  M  I  J  P  X  K  V  A  S
O  Z  S  K  C  H  X  W  X  T  Z  P  H  Á
N  T  E  N  G  E  L  Y  L  Ú  S  H  F  G
S  N  S  J  S  Á  M  O  Y  N  U  H  A  J
Á  O  E  C  K  I  S  Á  D  Ó  L  R  Ú  S
G  P  N  F  R  N  S  Y  F  I  Z  I  K  A
O  Z  G  W  F  Y  I  R  G  V  B  T  M  J
K  Ö  Á  U  O  I  X  I  N  A  Y  L  Á  P
F  K  M  C  A  B  O  U  C  T  N  G  B  O
```

SÚRLÓDÁS
KÖZPONT
DINAMIKUS
TÁVOLSÁG
TENGELY
FIZIKA
HATÁS
MÁGNESESSÉG
NAGYSÁG

MECHANIKA
PÁLYA
SÚLY
BOLYGÓK
NYOMÁS
TULAJDONSÁGOK
SEBESSÉG
IDŐ

85 - Abelhas

```
S  G  Ö  N  E  R  N  M  R  A  C  P  E  É
Z  Y  K  B  Ö  L  K  E  R  T  A  O  K  L
Á  Ü  O  R  C  V  Ő  E  B  M  T  L  A  Ő
R  M  S  G  B  V  É  N  O  D  D  L  P  H
N  Ö  Z  É  M  H  K  N  Y  I  O  E  T  E
Y  L  I  Z  L  B  R  K  Y  Ö  X  N  Á  L
A  C  S  N  A  P  Z  F  S  E  S  I  R  Y
K  S  Z  G  É  S  E  L  É  F  K  O  S  M
U  S  T  D  Y  K  K  U  N  N  O  G  X  Z
M  R  É  S  J  G  P  A  L  B  G  Á  F  E
X  O  M  X  Ü  U  Ő  N  Y  L  Á  R  I  K
Y  J  A  R  P  F  P  Z  E  N  R  I  C  X
J  P  C  M  Z  L  L  Z  S  A  I  V  J  X
Y  D  T  M  M  D  B  Z  R  A  V  O  R  E
```

SZÁRNYAK	FÜST
ELŐNYÖS	ÉLŐHELY
VIASZ	ROVAR
KAPTÁR	KERT
SOKFÉLESÉG	MÉZ
ÖKOSZISZTÉMA	NÖVÉNYEK
RAJ	POLLEN
VIRÁG	KIRÁLYNŐ
VIRÁGOK	NAP
GYÜMÖLCS	

86 - Ciência

```
L A B O R A T Ó R I U M T T
S Z E R V E Z E T H N X E É
A F O S S Z I L I S K B R N
E T U B K Á L U K E L O M Y
V E O H A M O F E F K R É É
O L V M D T X I Y W É É S G
L R O D A V G Z N R M S Z H
Ú É E M T D Z I É O I Z E A
C S H P V L W K V E A E T J
I Í N C P V M A Ö U I C D L
Ó K I L S O M L N D R S K A
P D C J M Ó D S Z E R K U T
T U D Ó S V C J G I P É P Y
M E G F I G Y E L É S K A J
```

ATOM	LABORATÓRIUM
TUDÓS	MÓDSZER
ÉGHAJLAT	MOLEKULÁK
ADAT	TERMÉSZET
EVOLÚCIÓ	MEGFIGYELÉS
KÍSÉRLET	SZERVEZET
TÉNY	RÉSZECSKÉK
FIZIKA	NÖVÉNYEK
FOSSZILIS	KÉMIAI

87 - Comida #1

```
B E D Z C U G O H G U F T F
P J R D U T M Y R R S A O E
N H W C K K S Ó L Z E H N H
O F K M O X P V V E P É H É
C D G H R E P E M O V J A R
F O K H A G Y M A P W E L R
B B F H A G Y M A P R Á S É
C I T R O M V N U U D A H P
X Y K C A R A B A G R Á S A
V N I M Y T O R T A W D K Z
S P E N Ó T Á I G P J H D I
N B U M O K I L A S Z A B R
Y T O M A P É R A G R Á S L
W C T E J X S Z R S D N F G
```

CUKOR
FOKHAGYMA
TONHAL
TORTA
FAHÉJ
HAGYMA
SÁRGARÉPA
ÁRPA
SÁRGABARACK

SPENÓT
TEJ
CITROM
BAZSALIKOM
EPER
FEHÉRRÉPA
SÓ
SALÁTA
LEVES

88 - Geometria

```
R  Y  P  B  B  N  Á  I  D  E  M  A  B  Y
B  P  W  Á  Y  L  S  T  E  L  Ü  L  E  F
D  C  W  Ó  R  G  E  E  M  H  I  O  S  S
S  A  I  I  O  H  Y  G  A  É  V  M  Z  E
D  I  T  Z  I  V  U  E  P  V  R  K  Á  L
A  R  Á  N  Y  T  D  Z  P  S  Ö  Ő  M  M
L  T  B  E  M  S  Ö  S  A  G  K  V  Í  É
O  E  N  M  A  A  N  M  J  M  P  H  T  L
G  M  H  I  G  Ö  Z  S  E  R  O  Z  Á  E
I  M  O  D  A  W  C  I  D  G  C  S  S  T
K  I  U  G  S  E  T  N  I  Z  S  Í  V
A  Z  G  L  S  S  Z  E  G  M  E  N  S  I
H  S  B  J  Á  H  Á  R  O  M  S  Z  Ö  G
A  C  Y  U  G  E  G  Y  E  N  L  E  T  G
```

MAGASSÁG	TÖMEG
SZÖG	MEDIÁN
SZÁMÍTÁS	PÁRHUZAMOS
KÖR	ARÁNY
ÍV	SZEGMENS
ÁTMÉRŐ	SZIMMETRIA
DIMENZIÓ	FELÜLET
EGYENLET	ELMÉLET
VÍZSZINTES	HÁROMSZÖG
LOGIKA	

89 - Pássaros

```
A  K  F  L  A  M  I  N  G  Ó  V  B  L  G
S  K  A  L  B  É  R  E  V  B  P  J  D  W
H  U  G  C  S  G  O  V  G  C  C  D  P  P
P  K  W  W  S  W  P  Y  J  X  C  P  A  I
E  A  F  W  S  A  T  P  T  V  K  R  P  N
L  K  Ú  E  Y  V  Y  L  Á  R  I  S  A  G
I  C  Y  K  R  H  T  L  T  A  V  K  G  V
K  S  T  R  U  C  C  G  Ó  P  A  P  Á  I
Á  S  T  I  I  Y  E  K  T  G  R  A  J  N
N  A  A  S  K  B  G  V  O  C  J  J  Y  Á
L  S  H  C  T  B  D  J  J  C  Ú  X  Y  K
H  I  X  B  P  R  Y  A  Á  P  W  M  J  U
C  L  B  M  A  L  A  G  S  Y  W  R  D  T
N  U  F  A  V  Á  P  U  S  F  P  H  I  M
```

STRUCC	GÉM
SAS	TOJÁS
GÓLYA	PAPAGÁJ
HATTYÚ	VERÉB
VARJÚ	KACSA
KAKUKK	PÁVA
FLAMINGÓ	PELIKÁN
CSIRKE	PINGVIN
SIRÁLY	GALAMB
LIBA	TUKÁN

90 - Literatura

```
N  S  É  T  E  T  Z  E  K  T  E  V  Ö  K
A  T  R  T  R  A  G  É  D  I  A  P  M  N
R  Í  E  A  N  A  L  Ó  G  I  A  Á  E  G
R  L  G  R  M  P  O  I  F  Ő  H  R  T  X
Á  U  É  K  A  É  W  C  W  T  J  B  A  R
T  S  N  W  T  X  T  K  T  L  L  E  F  R
O  A  Y  X  O  Y  V  I  I  Ö  E  S  O  I
R  E  X  L  D  N  X  F  C  K  Í  Z  R  T
V  E  R  S  K  É  Ő  G  W  B  R  É  A  M
R  A  E  L  E  M  Z  É  S  Y  Á  D  V  U
H  Í  A  K  N  E  R  D  V  I  S  G  M  S
J  R  M  Z  A  L  E  S  W  S  O  I  N  K
P  J  D  C  I  É  Z  J  A  R  T  E  L  É
F  S  H  A  B  V  S  I  F  D  I  X  F  M
```

ANALÓGIA	METAFORA
ELEMZÉS	NARRÁTOR
ANEKDOTA	VÉLEMÉNY
SZERZŐ	VERS
ÉLETRAJZ	KÖLTŐI
KÖVETKEZTETÉS	RÍM
LEÍRÁS	RITMUS
PÁRBESZÉD	REGÉNY
STÍLUS	TÉMA
FIKCIÓ	TRAGÉDIA

91 - Química

```
N O I D E X O G R M X R S E
U D I T O G L B O X I G É N
K E M E L E Á J T V E Z I S
L V E S Ó W O Z Á R Y T N T
E C F E U F T K Z H Ő W É E
Á E Y V A S U M I F E A Z L
R W L R Ó L K X L S B I S K
I L Ú E O K É D A Y L O F É
S B S Z K O E F T J M D L S
O T O S E T Y G A V U U I R
G K X P F D R D K R F T C É
Ú R M F N É G O R D I H S M
L Z E J P G A W N Y Z Y A Ő
M O L E K U L A X K S H O H
```

LÚGOS	HIDROGÉN
SAV	ION
HŐ	FOLYADÉK
SZÉN	MOLEKULA
KATALIZÁTOR	NUKLEÁRIS
KLÓR	SZERVES
ELEMEK	OXIGÉN
ELEKTRON	SÚLY
ENZIM	SÓ
GÁZ	HŐMÉRSÉKLET

92 - Clima

U	Y	R	P	M	S	H	U	W	T	C	E	V	I
L	J	D	V	J	X	Ő	T	N	O	Z	T	U	A
É	É	É	M	K	G	M	S	I	R	Á	L	O	P
Z	Y	G	G	H	T	É	P	W	N	P	T	M	S
S	N	Á	K	I	R	R	U	H	Á	T	R	E	Z
D	I	B	D	Ö	K	S	L	H	D	A	Ó	N	I
V	I	H	A	R	R	É	É	N	Ó	L	P	N	V
S	Z	E	L	L	Ő	K	G	U	R	J	U	Y	Á
V	O	D	Y	J	Y	L	Á	Z	S	A	S	D	R
V	I	N	A	G	O	E	X	S	E	H	I	Ö	V
Ő	H	L	E	F	J	T	M	N	F	G	H	R	Á
M	Z	H	L	P	U	G	V	O	K	É	H	G	N
U	Z	A	R	Á	Z	S	H	M	C	J	M	É	Y
W	W	I	E	A	M	G	P	G	G	B	M	S	F

SZIVÁRVÁNY   POLÁRIS
LÉGKÖR   VILLÁM
SZELLŐ   ASZÁLY
ÉG   SZÁRAZ
ÉGHAJLAT   HŐMÉRSÉKLET
HURRIKÁN   VIHAR
JÉG   TORNÁDÓ
MONSZUN   TRÓPUSI
KÖD   MENNYDÖRGÉS
FELHŐ   SZÉL

93 - Tecnologia

```
S  Z  O  F  T  V  E  R  A  R  E  M  A  K
S  I  L  Á  T  I  G  I  D  V  Í  R  U  S
I  O  H  N  B  N  Z  H  A  L  P  N  J  U
M  N  L  A  W  W  K  N  T  E  N  E  Z  Ü
R  T  T  S  I  L  Á  U  T  R  I  V  S  K
Z  U  B  E  M  I  Y  B  R  N  I  A  Z  B
B  M  J  A  R  S  E  Á  F  Z  W  G  Á  E
M  L  N  P  A  N  R  J  B  F  O  H  M  T
O  J  O  X  G  B  E  T  U  Z  F  R  Í  Ű
D  Á  M  G  Y  S  Á  T  A  T  U  K  T  T
J  F  K  É  P  E  R  N  Y  Ő  P  R  Ó  Í
B  Ö  N  G  É  S  Z  Ő  D  G  I  S  G  P
S  T  A  T  I  S  Z  T  I  K  A  U  É  U
B  I  Z  T  O  N  S  Á  G  B  T  I  P  S
```

FÁJL	INTERNET
BLOG	ÜZENET
BÁJT	BÖNGÉSZŐ
KAMERA	KUTATÁS
SZÁMÍTÓGÉP	BIZTONSÁG
KURZOR	SZOFTVER
ADAT	KÉPERNYŐ
DIGITÁLIS	VIRTUÁLIS
STATISZTIKA	VÍRUS
BETŰTÍPUS	

94 - Diplomacia

```
A D I P L O M Á C I A I G K
P O L G Á R O K W V T X Á Ö
E G Y Ü T T M Ű K Ö D É S Z
N Á T K O R M Á N Y P X N Ö
A S A I N Z O T F P O D O S
G S N N Y X V U G V L Z T S
Y O Á T E Z H R B O I N Z É
K G C E L I D A N F T C I G
Ö Á S G V O W T K H I B B F
V S A R E D O Z X A K I T E
E Z D I K S J L L J A T I V
T A Ó T K O N F L I K T U S
K G V Á F E L B O N T Á S W
U I M S Á D L O G E M N U W
```

POLGÁROK
KÖZÖSSÉG
KONFLIKTUS
TANÁCSADÓ
EGYÜTTMŰKÖDÉS
DIPLOMÁCIAI
VITA
NAGYKÖVET
ETIKA

KORMÁNY
INTEGRITÁS
IGAZSÁGOSSÁG
NYELVEK
POLITIKA
FELBONTÁS
BIZTONSÁG
MEGOLDÁS

95 - Comida # 2

```
C  S  O  K  O  L  Á  D  É  W  G  Y  R  S
W  I  T  U  L  R  Y  P  L  K  D  A  F  Z
I  O  S  T  X  R  S  A  B  A  N  Á  N  Ő
T  R  U  H  G  O  J  D  L  G  G  L  G  L
B  J  D  M  O  M  E  L  R  U  S  R  T  Ő
C  T  A  O  M  E  Y  I  G  D  D  T  N  G
S  G  Z  S  B  F  N  Z  Z  Y  H  N  O  D
I  M  Ú  C  A  A  Z  S  Z  I  R  A  A  Z
R  C  B  I  K  Y  S  Á  J  O  T  E  L  M
K  B  P  D  N  A  E  N  T  X  N  G  V  Y
E  V  G  A  O  B  R  O  K  K  O  L  I  W
X  N  V  R  S  O  E  I  C  H  O  V  V  O
A  L  M  A  K  Ó  S  C  I  T  R  A  I  L
C  O  V  P  Z  U  C  X  M  S  D  Y  K  N
```

ARTICSÓKA   JOGHURT
MANDULA   KIVI
RIZS   ALMA
BANÁN   TOJÁS
PADLIZSÁN   HAL
BROKKOLI   SONKA
CSERESZNYE   SAJT
CSOKOLÁDÉ   PARADICSOM
GOMBA   BÚZA
CSIRKE   SZŐLŐ

96 - Universo

```
T  S  T  F  L  G  Y  J  S  J  T  T  C  A
E  I  E  É  P  Á  K  B  F  I  O  A  S  S
M  X  I  L  S  S  T  Y  C  D  U  Z  I  Z
H  A  Z  T  U  Ú  N  H  S  E  C  S  L  T
N  L  U  E  K  Z  O  S  A  T  L  Á  L  E
É  A  C  K  I  S  Z  N  Z  T  G  G  A  R
F  G  P  E  M  S  I  M  R  K  Ó  A  G  O
P  E  A  F  Z  O  R  Ö  K  G  É  L  Á  I
E  C  N  V  O  H  O  R  M  I  T  L  S  D
G  M  Y  V  K  R  H  T  W  U  Z  I  Z  A
É  G  I  I  A  W  D  T  Á  V  C  S  Ő  Y
H  J  D  D  E  I  L  U  B  X  G  C  C  L
Z  P  F  G  B  A  O  J  L  M  A  E  U  Á
H  C  H  U  D  Z  H  Z  N  Ó  H  O  I  P
```

ASZTEROIDA   HORIZONT
CSILLAGÁSZAT   HOSSZÚSÁG
CSILLAGÁSZ   HOLD
LÉGKÖR   PÁLYA
ÉGI   NAP
ÉG   NAPFORDULÓ
KOZMIKUS   TÁVCSŐ
GALAXIS   LÁTHATÓ
FÉLTEKE

97 - Jazz

```
E  R  D  W  R  P  I  R  P  K  X  H  K  Z
A  É  O  G  S  U  M  T  I  R  F  Í  T  E
K  G  I  Y  X  O  P  Y  D  I  V  R  R  N
T  I  A  M  J  E  R  X  G  D  M  E  E  E
L  Ő  L  Ű  M  O  O  Y  É  G  O  S  C  K
E  Z  B  V  M  B  V  L  S  A  E  B  N  A
T  R  U  É  Ú  A  I  Ú  T  T  W  I  O  R
É  E  M  S  H  J  Z  S  E  D  D  K  K  K
T  Z  C  Z  L  M  Á  G  H  D  A  U  E  B
E  S  A  H  K  E  C  N  E  V  D  E  K  Y
Z  E  P  G  N  Z  I  A  T  H  J  W  O  G
S  N  Z  E  D  I  Ó  H  S  T  Í  L  U  S
S  E  N  E  Z  Y  K  B  K  U  D  A  D  H
Ö  Z  I  Y  Z  K  J  A  F  Ű  M  D  R  W
```

MŰVÉSZ
ALBUM
DOBOK
DAL
ÖSSZETÉTEL
ZENESZERZŐ
KONCERT
STÍLUS
HANGSÚLY
HÍRES

KEDVENCEK
MŰFAJ
IMPROVIZÁCIÓ
ZENE
ÚJ
ZENEKAR
RITMUS
TEHETSÉG
TECHNIKA
RÉGI

98 - Barcos

```
K  D  L  E  G  É  N  Y  S  É  G  Ó  Á  E
O  O  M  Y  P  T  G  P  H  X  C  C  R  L
M  K  O  M  Á  L  L  U  H  N  G  E  B  C
P  K  R  X  B  D  A  G  Á  L  Y  Á  O  M
S  H  O  R  G  O  N  Y  T  J  E  N  C  O
X  P  N  F  O  L  Y  Ó  W  E  I  U  F  T
Z  S  É  R  E  G  N  E  T  B  N  C  Z  O
T  B  Ó  J  A  L  C  I  H  O  U  G  J  R
M  E  W  O  O  É  C  W  C  R  W  B  E  V
N  J  N  E  K  T  D  J  A  T  U  T  U  R
N  A  G  G  J  Ö  L  N  J  S  W  V  K  R
Z  E  P  W  E  K  A  J  A  K  S  I  E  I
U  V  X  V  A  R  K  E  R  I  M  U  N  S
Y  B  J  B  H  P  I  X  R  Y  T  N  U  O
```

HORGONY	TENGER
KOMP	DAGÁLY
BÓJA	TENGERÉSZ
KAJAK	ÁRBOC
KENU	MOTOR
KÖTÉL	TENGERI
DOKK	ÓCEÁN
JACHT	HULLÁMOK
TUTAJ	FOLYÓ
TÓ	LEGÉNYSÉG

99 - Mamíferos

```
P  L  G  K  B  M  K  H  K  R  E  Y  K  P
D  T  N  T  L  M  K  S  D  F  M  B  E  P
J  U  H  E  T  X  M  A  C  S  K  A  N  N
O  E  T  E  V  E  O  K  W  A  I  Y  G  O
R  L  L  E  K  I  J  I  I  K  N  T  U  K
O  E  R  S  T  Y  A  B  M  R  Y  U  R  C
S  F  F  F  D  G  M  L  Ó  A  Ú  K  U  G
Z  Á  K  R  E  Ó  P  F  S  F  L  B  F  O
L  N  I  C  L  D  H  W  Á  I  G  R  G  R
Á  T  K  J  F  A  S  A  K  R  A  F  X  I
N  R  L  A  I  R  Ó  K  A  É  I  O  O  L
U  O  C  Z  N  B  F  F  S  R  Z  S  A  L
O  W  A  O  F  E  A  B  O  P  H  F  Z  A
Y  R  M  R  V  Z  B  Á  L  N  A  L  K  V
```

BÁLNA	ZSIRÁF
TEVE	DELFIN
KENGURU	GORILLA
HÓD	OROSZLÁN
LÓ	FARKAS
KUTYA	MAJOM
NYÚL	JUH
PRÉRIFARKAS	RÓKA
ELEFÁNT	BIKA
MACSKA	ZEBRA

100 - Atividades e Lazer

```
S  Z  Ö  R  F  Ö  Z  É  S  T  V  V  B  K
Á  Á  M  T  F  F  N  E  Á  E  F  E  A  E
Z  S  Z  Ű  D  W  J  S  Z  N  U  R  S  R
Á  Á  K  A  V  G  Y  V  S  I  T  S  E  T
R  D  E  D  T  É  C  R  Ú  S  B  E  B  É
Ú  O  M  B  A  U  S  T  E  Z  A  N  A  S
T  K  P  A  Z  O  X  Z  D  I  L  Y  L  Z
U  R  I  L  S  J  R  G  E  E  L  N  L  K
Z  Á  N  R  Á  G  O  L  F  T  A  É  C  E
E  V  G  Á  L  B  R  P  K  B  Z  M  K  D
G  Ú  U  S  A  S  O  K  A  A  E  T  T  É
I  B  B  O  H  B  Z  K  A  J  M  S  U  S
O  X  M  K  S  R  N  G  S  P  C  E  K  A
P  I  H  E  N  T  E  T  Ő  Z  S  F  I  H
```

KEMPING	KERTÉSZKEDÉS
MŰVÉSZET	BÚVÁRKODÁS
KOSÁRLABDA	ÚSZÁS
BASEBALL	HALÁSZAT
BOKSZ	FESTMÉNY
TÚRÁZÁS	PIHENTETŐ
VERSENY	SZÖRFÖZÉS
FUTBALL	TENISZ
GOLF	UTAZÁS
HOBBI	

1 - Dirigindo

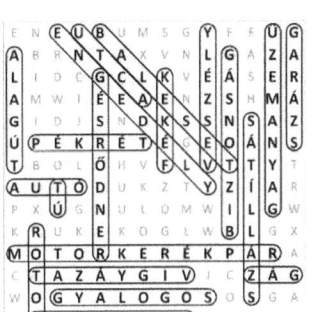

2 - Antiguidades

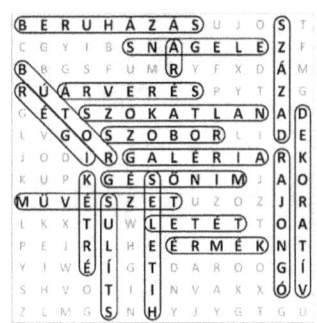

3 - Churrascos

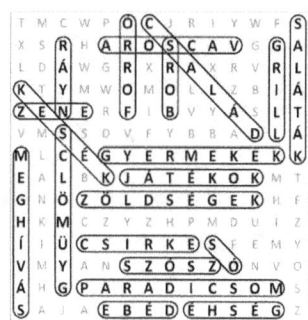

4 - Pesca

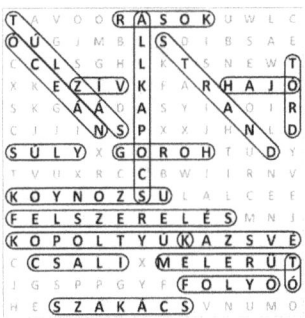

5 - Geologia

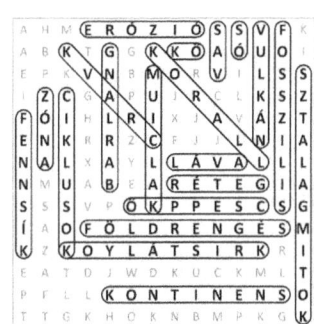

6 - Ética

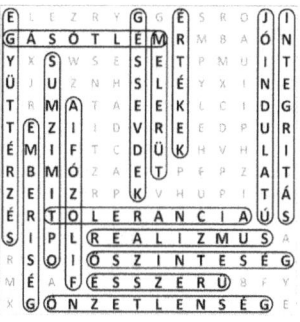

7 - Tempo

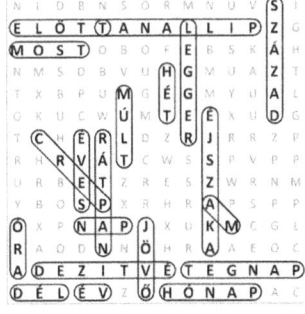

8 - Astronomia

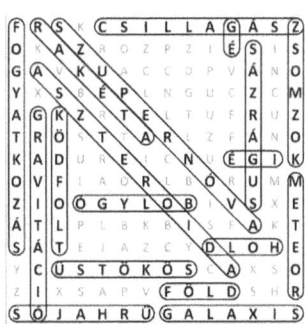

9 - Circo

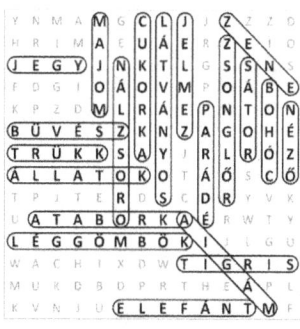

10 - Acampamento

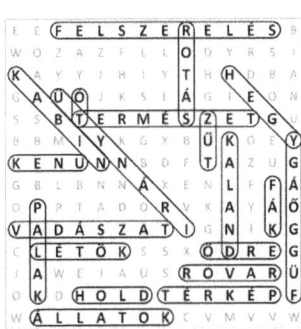

11 - Ficção Científica

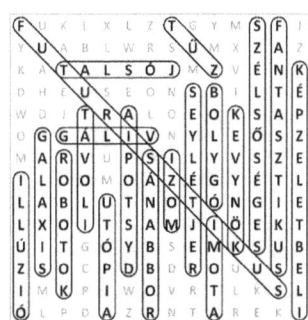

12 - Mitologia

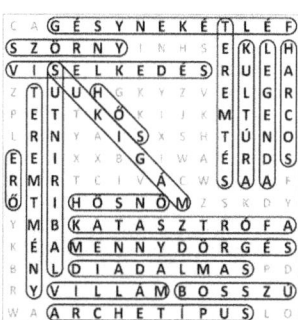

13 - Medições

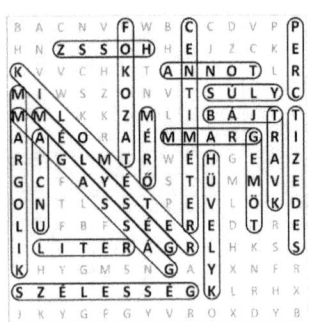

14 - Álgebra

15 - Plantas

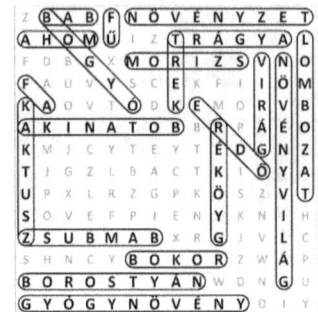

16 - Veículos

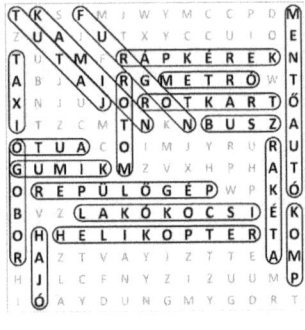

17 - Engenharia

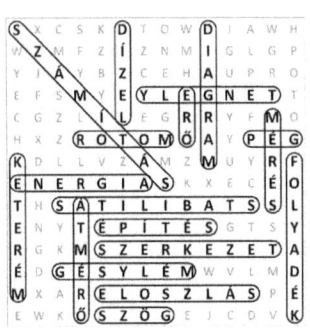

18 - Restaurante # 2

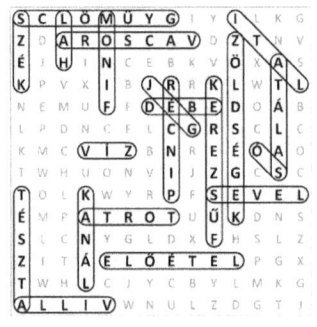

19 - Países #2

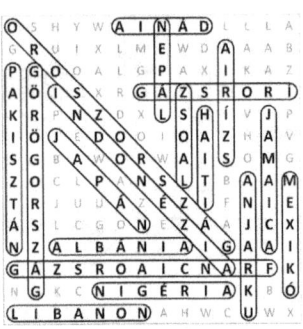

20 - Cozinha

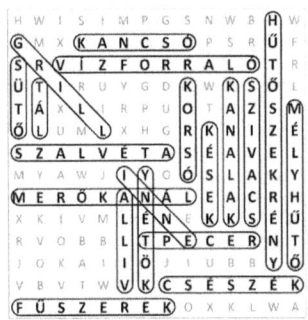

21 - Material de Arte

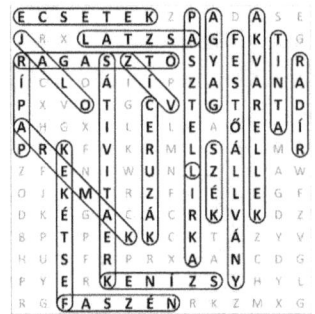

22 - Números

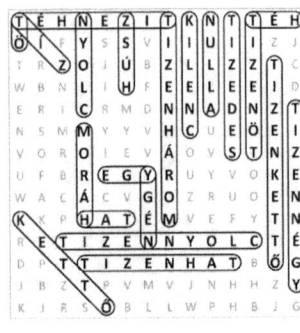

23 - Física

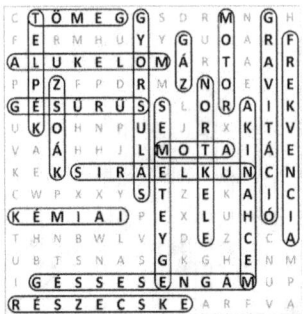

24 - Especiarias

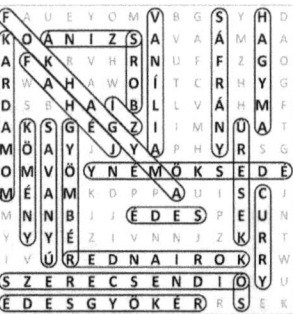

25 - Países #1

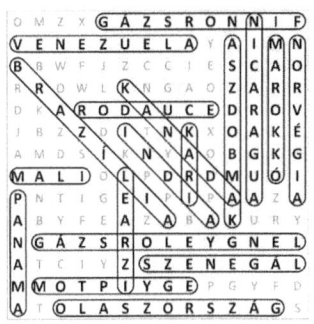

26 - A Mídia

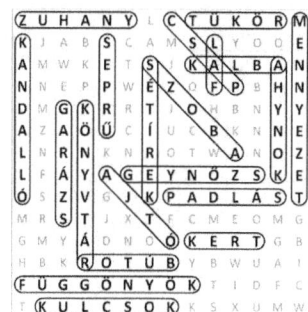

27 - Casa

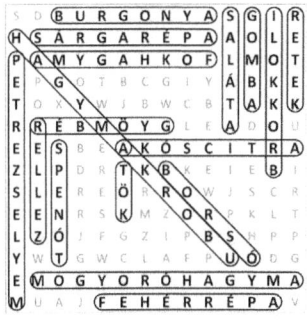

28 - Vegetais

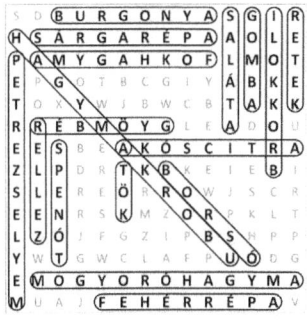

29 - Balé

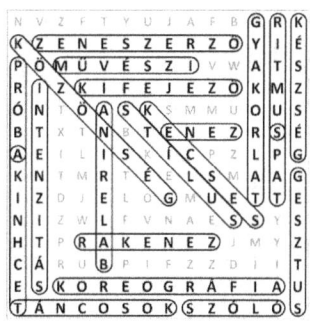

30 - Adjetivos #1

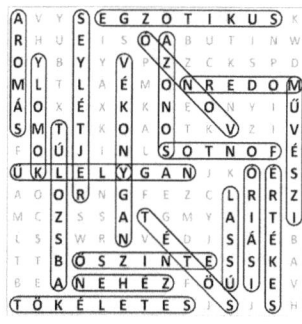

31 - Psicologia

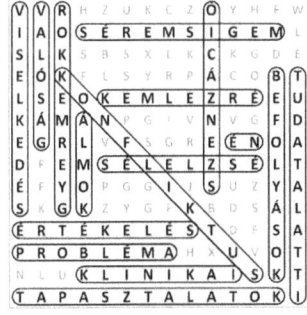

32 - Paisagens

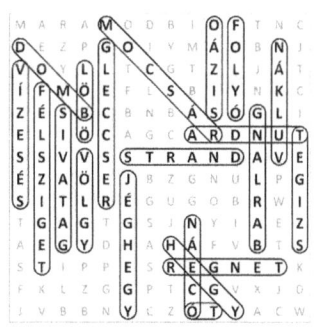

33 - Dança

34 - Nutrição

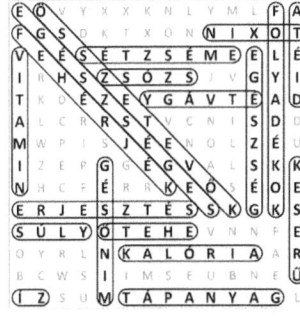

35 - Energia

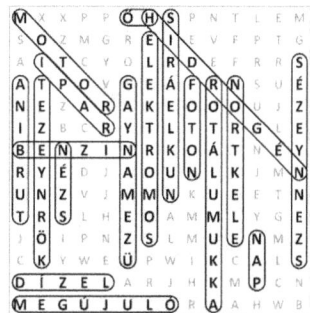

36 - Disciplinas Científicas

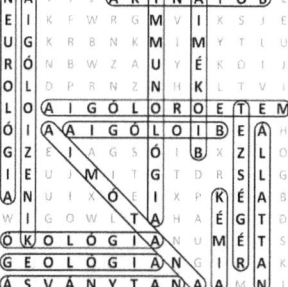

37 - Meditação

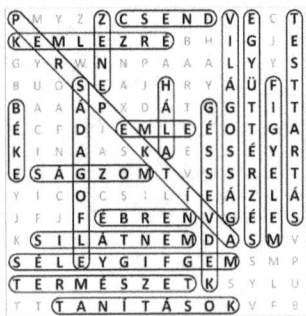

38 - Artes Visuais

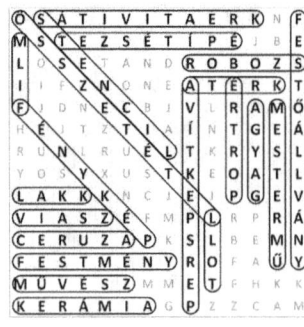

39 - Moda

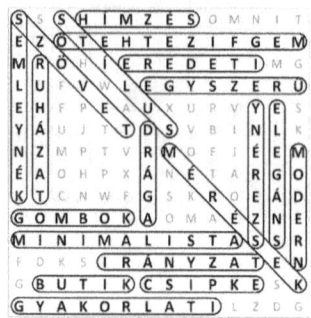

40 - Instrumentos Musicais

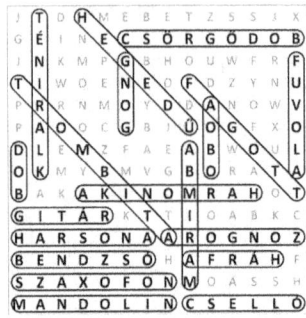

41 - Adjetivos #2

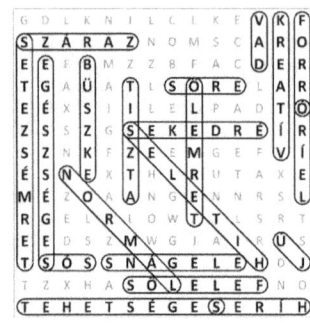

42 - Roupas

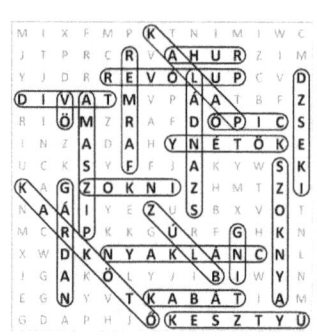

43 - Herbalismo

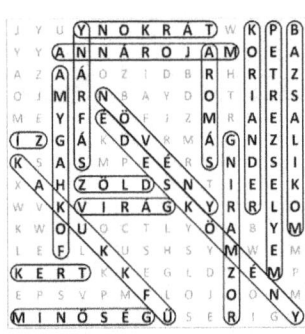

44 - Arqueologia

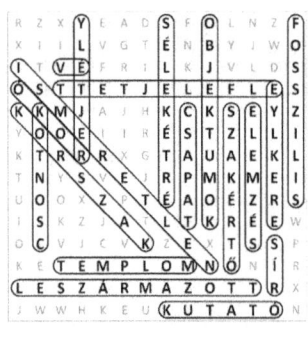

45 - Esporte

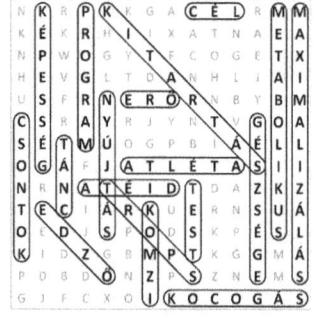

46 - Frutas

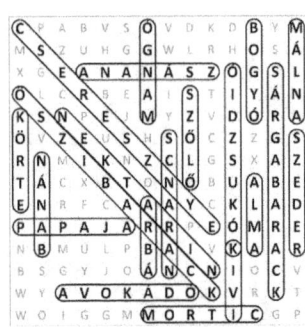

47 - Corpo Humano

48 - Restaurante #1

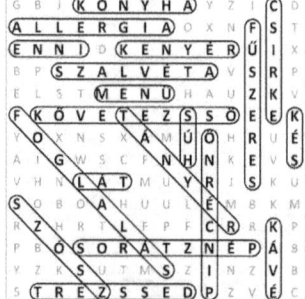

49 - Caminhada

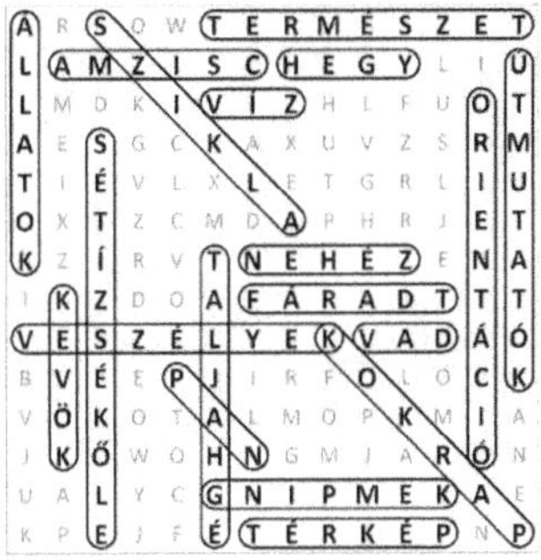

50 - Beleza

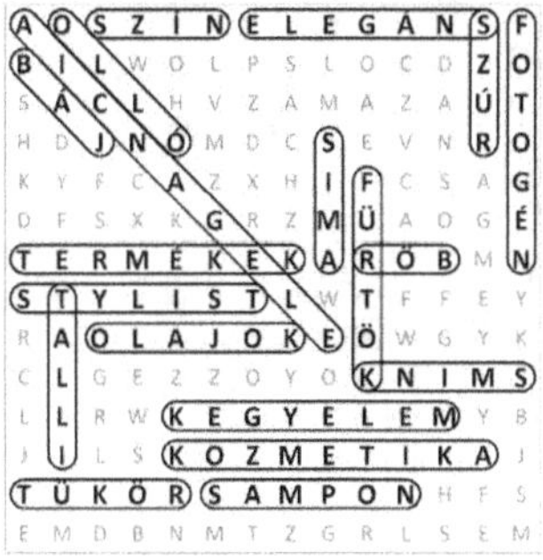

51 - Filantropia

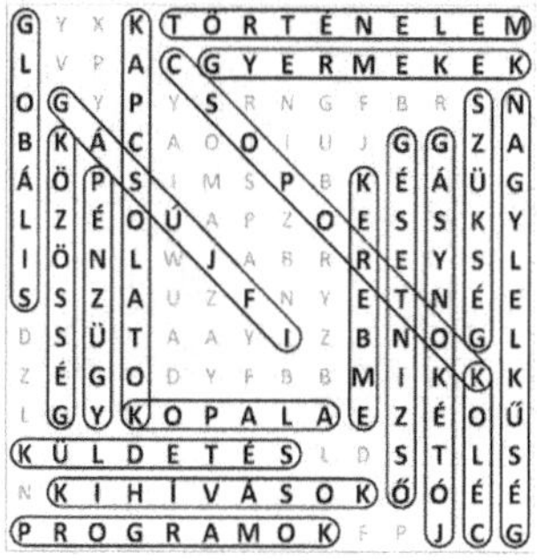

52 - Ecologia

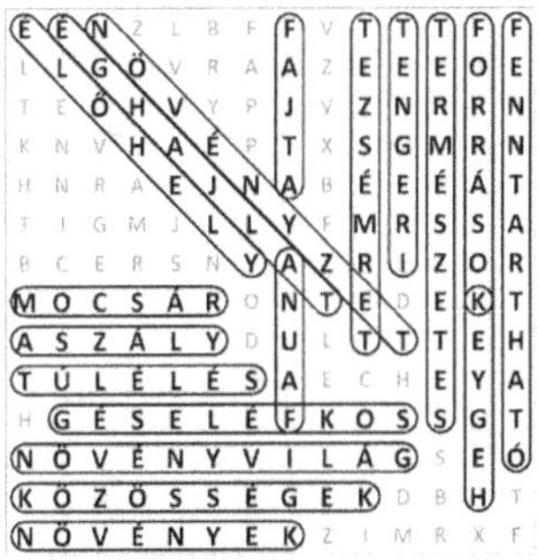

53 - Família

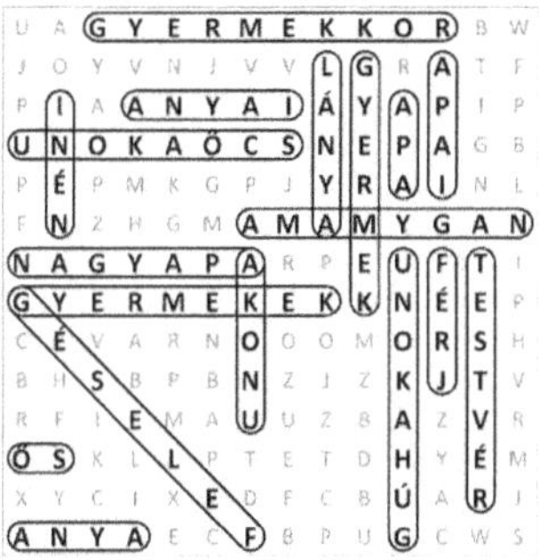

54 - Férias #2

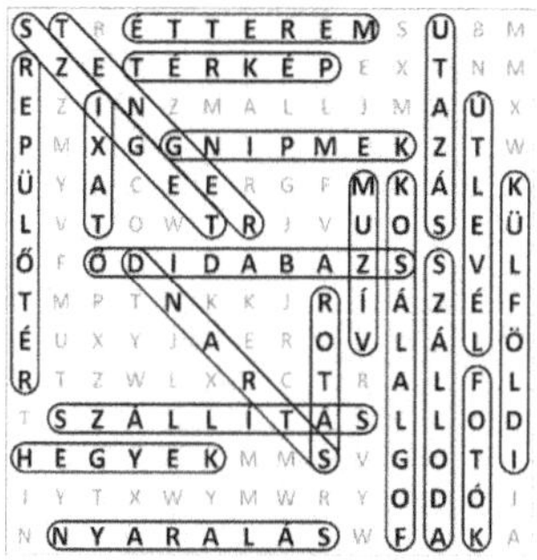

55 - Edifícios

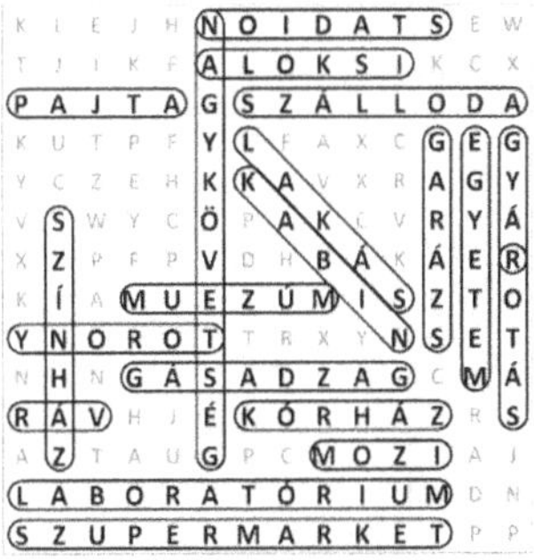

56 - Xadrez

57 - Aventura

58 - Floresta Tropical

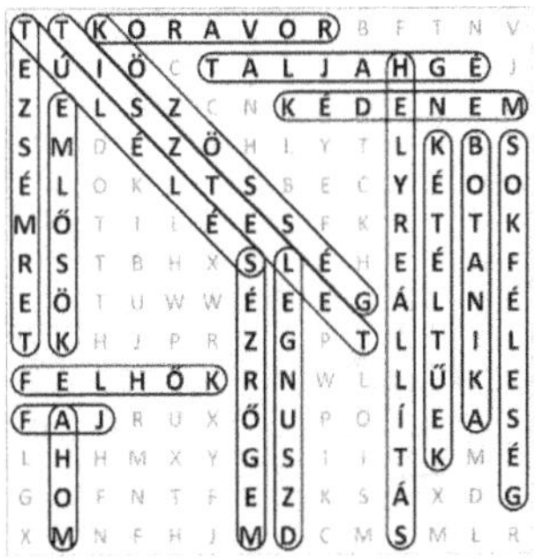

59 - Cidade

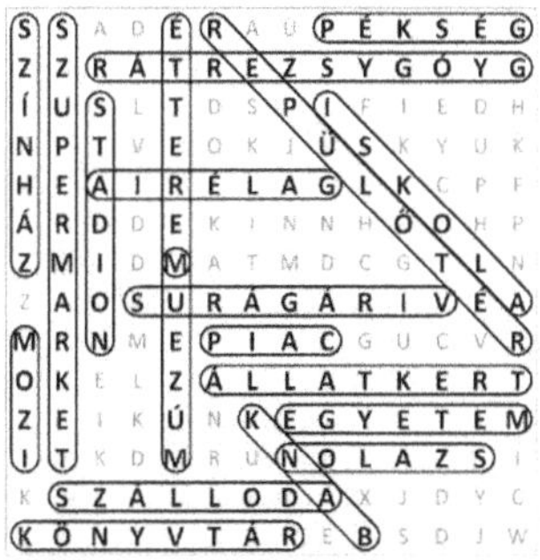

60 - Música

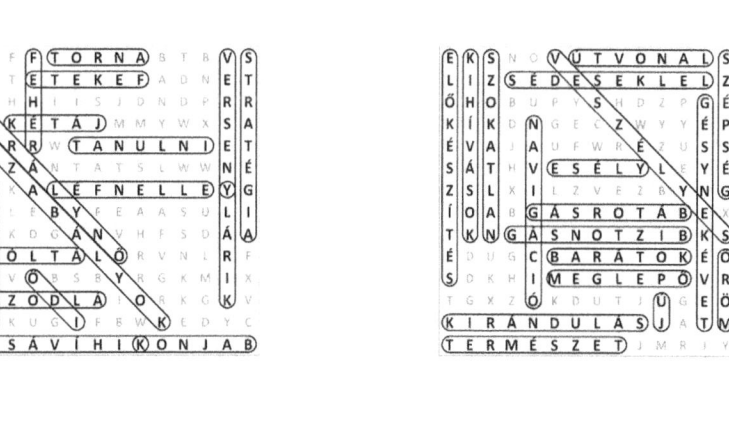

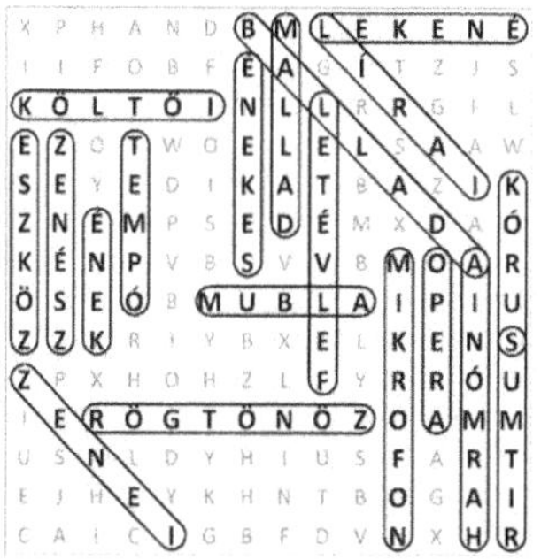

61 - Matemática

62 - Saúde e Bem Estar #1

63 - Natureza

64 - A Empresa

65 - Aviões

66 - Tipos de Cabelo

67 - Criatividade

68 - Dias e Meses

69 - Saúde e Bem Estar #2

70 - Geografia

71 - Antártica

72 - Flores

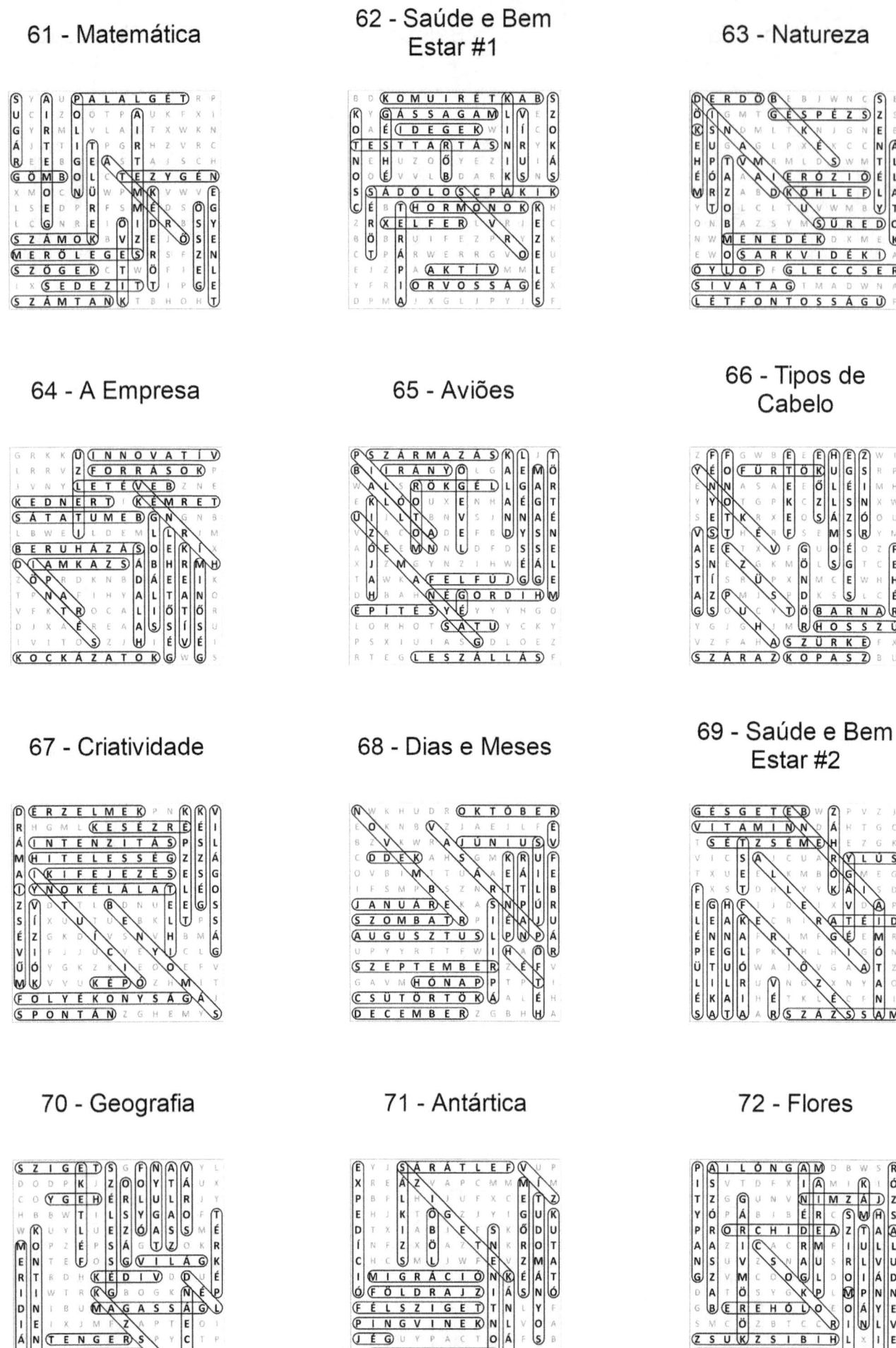

73 - Fazenda #1

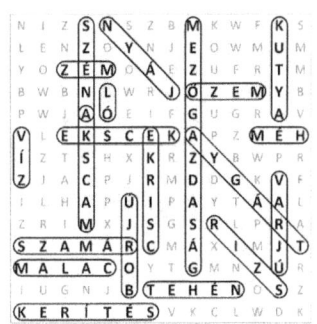

74 - Livros

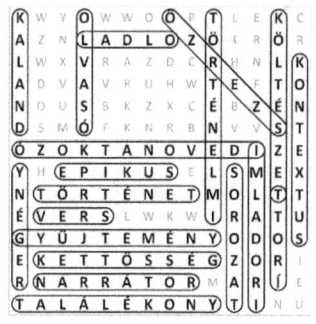

75 - Governo

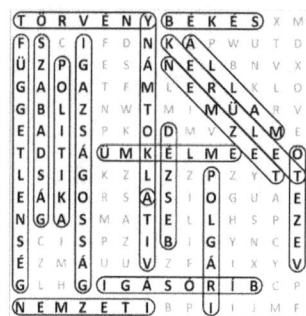

76 - Jardinagem

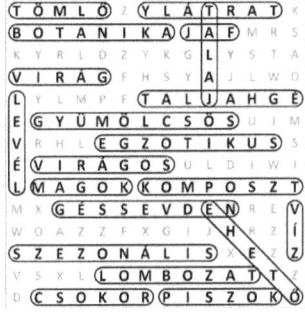

77 - Profissões #2

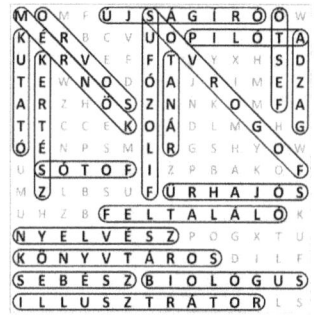

78 - Café

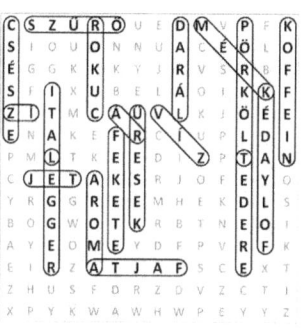

79 - Negócios

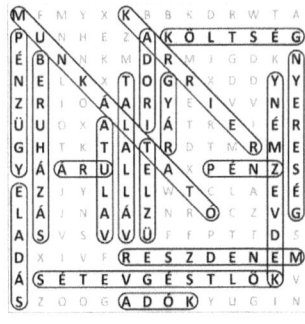

80 - Fazenda #2

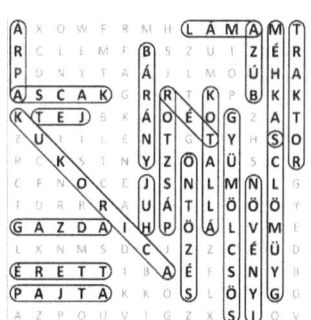

81 - Jardim

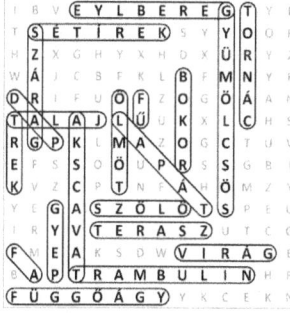

82 - Oceano

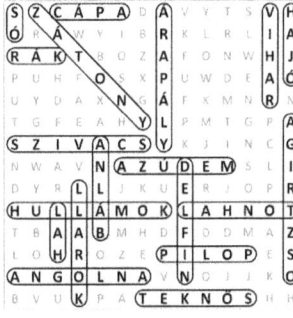

83 - Profissões #1

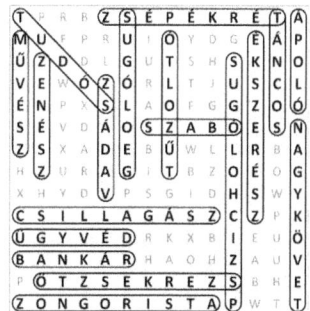

84 - Força e Gravidade

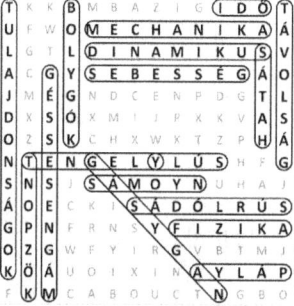

85 - Abelhas

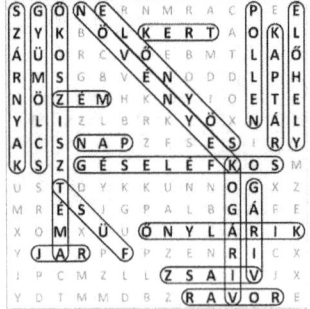

86 - Ciência

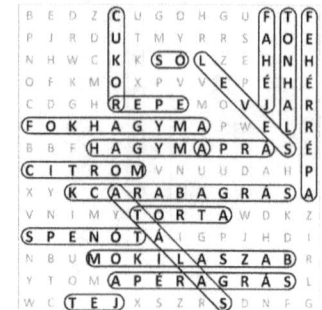

87 - Comida #1

88 - Geometria

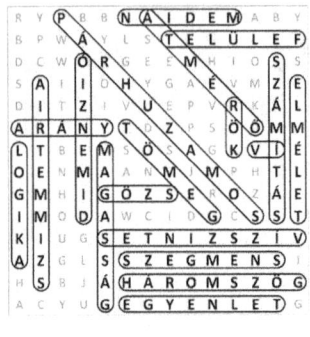

89 - Pássaros

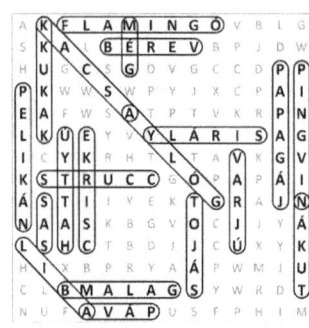

90 - Literatura

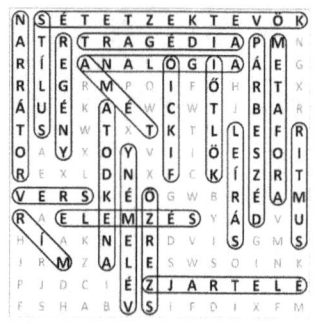

91 - Química

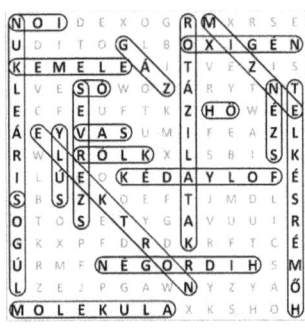

92 - Clima

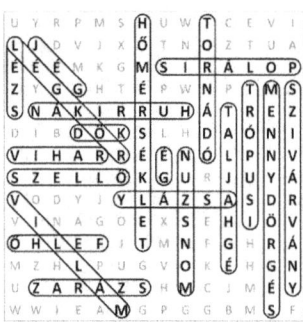

93 - Tecnologia

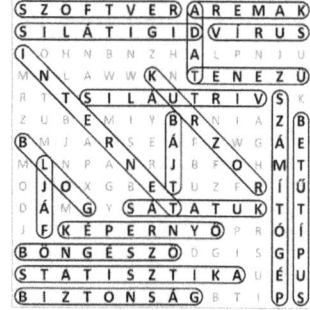

94 - Diplomacia

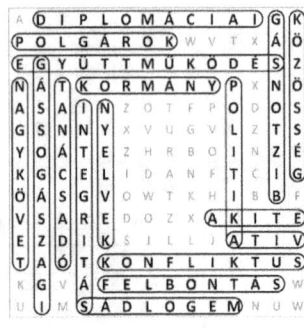

95 - Comida # 2

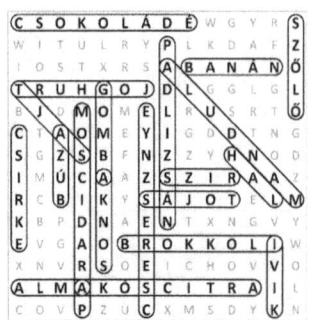

96 - Universo

97 - Jazz

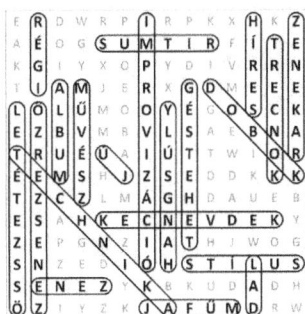

98 - Barcos

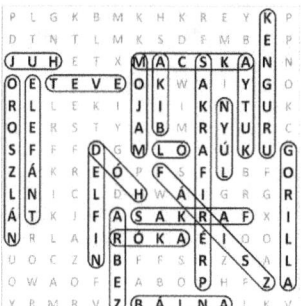

99 - Mamíferos

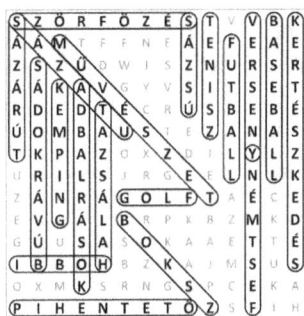

100 - Atividades e Lazer

Dicionário

A Empresa
A Cég

Apresentação	Bemutatás
Criativo	Kreatív
Decisão	Döntés
Global	Globális
Indústria	Ipar
Inovador	Innovatív
Investimento	Beruházás
Negócio	Üzleti
Possibilidade	Lehetőség
Produto	Termék
Profissional	Szakmai
Progresso	Haladás
Qualidade	Minőség
Receita	Bevétel
Recursos	Források
Reputação	Hírnév
Riscos	Kockázatok
Tendências	Trendek
Unidades	Egységek

A Mídia
A Média

Atitudes	Attitűdök
Comercial	Kereskedelmi
Comunicação	Kommunikáció
Digital	Digitális
Edição	Kiadás
Educação	Oktatás
Fatos	Tények
Financiamento	Finanszírozás
Fotos	Fotók
Individual	Egyéni
Indústria	Ipar
Intelectual	Szellemi
Jornais	Újságok
Local	Helyi
Online	Online
Opinião	Vélemény
Público	Nyilvános
Rádio	Rádió
Rede	Hálózat
Televisão	Televízió

Abelhas
Méhek

Asas	Szárnyak
Benéfico	Előnyös
Cera	Viasz
Colmeia	Kaptár
Diversidade	Sokféleség
Ecossistema	Ökoszisztéma
Enxame	Raj
Flor	Virág
Flores	Virágok
Fruta	Gyümölcs
Fumaça	Füst
Habitat	Élőhely
Inseto	Rovar
Jardim	Kert
Mel	Méz
Plantas	Növények
Pólen	Pollen
Rainha	Királynő
Sol	Nap

Acampamento
Kemping

Animais	Állatok
Aventura	Kaland
Árvores	Fák
Bússola	Iránytű
Cabine	Kabin
Caça	Vadászat
Canoa	Kenu
Chapéu	Kalap
Corda	Kötél
Equipamento	Felszerelés
Floresta	Erdő
Fogo	Tűz
Inseto	Rovar
Lago	Tó
Lua	Hold
Maca	Függőágy
Mapa	Térkép
Montanha	Hegy
Natureza	Természet
Tenda	Sátor

Adjetivos #1
Melléknevek #1

Absoluto	Abszolút
Aromático	Aromás
Artístico	Művészi
Atraente	Vonzó
Enorme	Óriási
Escuro	Sötét
Exótico	Egzotikus
Fino	Vékony
Generoso	Nagylelkű
Grande	Nagy
Honesto	Őszinte
Idêntico	Azonos
Importante	Fontos
Lento	Lassú
Misterioso	Rejtélyes
Moderno	Modern
Perfeito	Tökéletes
Pesado	Nehéz
Sério	Komoly
Valioso	Értékes

Adjetivos #2
Melléknevek #2

Autêntico	Hiteles
Criativo	Kreatív
Descritivo	Leíró
Dotado	Tehetséges
Elegante	Elegáns
Famoso	Híres
Forte	Erős
Interessante	Érdekes
Natural	Természetes
Normal	Normál
Novo	Új
Orgulhoso	Büszke
Produtivo	Termelő
Puro	Tiszta
Quente	Forró
Responsável	Felelős
Salgado	Sós
Saudável	Egészséges
Seco	Száraz
Selvagem	Vad

Antártica
Antarktisz

Ambiente	Környezet
Água	Víz
Baía	Öböl
Baleias	Bálnák
Científico	Tudományos
Conservação	Megőrzés
Continente	Kontinens
Expedição	Expedíció
Exploração	Feltárás
Geleiras	Gleccserek
Gelo	Jég
Geografia	Földrajz
Ilhas	Szigetek
Investigador	Kutató
Migração	Migráció
Península	Félsziget
Pinguins	Pingvinek
Rochoso	Sziklás
Temperatura	Hőmérséklet
Topografia	Topográfia

Antiguidades
Régiségek

Arte	Művészet
Autêntico	Hiteles
Decorativo	Dekoratív
Elegante	Elegáns
Entusiasta	Rajongó
Escultura	Szobor
Estilo	Stílus
Galeria	Galéria
Incomum	Szokatlan
Investimento	Beruházás
Item	Tétel
Leilão	Árverés
Mobiliário	Bútor
Moedas	Érmék
Preço	Ár
Qualidade	Minőség
Restauração	Helyreállítás
Século	Század
Valor	Érték
Velho	Régi

Arqueologia
Régészet

Análise	Elemzés
Anos	Év
Antiguidade	Ókor
Avaliação	Értékelés
Civilização	Civilizáció
Descendente	Leszármazott
Desconhecido	Ismeretlen
Equipe	Csapat
Era	Korszak
Especialista	Szakértő
Esquecido	Elfelejtett
Fóssil	Fosszilis
Investigador	Kutató
Mistério	Rejtély
Objetos	Objektumok
Ossos	Csontok
Professor	Professzor
Relíquia	Ereklye
Templo	Templom
Túmulo	Sír

Artes Visuais
Vizuális Művészetek

Argila	Agyag
Arquitetura	Építészet
Artista	Művész
Caneta	Toll
Cavalete	Festőállvány
Cera	Viasz
Cerâmica	Kerámia
Composição	Összetétel
Criatividade	Kreativitás
Escultura	Szobor
Estêncil	Stencil
Filme	Film
Fotografia	Fénykép
Giz	Kréta
Lápis	Ceruza
Obra-Prima	Mestermű
Perspectiva	Perspektíva
Pintura	Festmény
Retrato	Portré
Verniz	Lakk

Astronomia
Csillagászat

Asteróide	Aszteroida
Astronauta	Űrhajós
Astrônomo	Csillagász
Celestial	Égi
Céu	Ég
Cometa	Üstökös
Constelação	Csillagkép
Cosmos	Kozmosz
Eclipse	Fogyatkozás
Foguete	Rakéta
Galáxia	Galaxis
Gravidade	Gravitáció
Lua	Hold
Meteoro	Meteor
Nebulosa	Ködfolt
Planeta	Bolygó
Radiação	Sugárzás
Supernova	Szupernóva
Terra	Föld
Universo	Univerzum

Atividades e Lazer
Tevékenységek és Szabadi

Acampamento	Kemping
Arte	Művészet
Basquete	Kosárlabda
Beisebol	Baseball
Boxe	Boksz
Caminhada	Túrázás
Corrida	Verseny
Futebol	Futball
Golfe	Golf
Hobbies	Hobbi
Jardinagem	Kertészkedés
Mergulho	Búvárkodás
Natação	Úszás
Pesca	Halászat
Pintura	Festmény
Relaxante	Pihentető
Surfe	Szörfözés
Tênis	Tenisz
Viagem	Utazás
Voleibol	Röplabda

Aventura
Kaland

Alegria	Öröm
Amigos	Barátok
Atividade	Tevékenység
Beleza	Szépség
Bravura	Bátorság
Chance	Esély
Desafios	Kihívások
Dificuldade	Nehézség
Entusiasmo	Lelkesedés
Excursão	Kirándulás
Incomum	Szokatlan
Itinerário	Útvonal
Natureza	Természet
Navegação	Navigáció
Novo	Új
Oportunidade	Lehetőség
Perigoso	Veszélyes
Preparação	Előkészítés
Segurança	Biztonság
Surpreendente	Meglepő

Aviões
Repülőgépek

Altura	Magasság
Ar	Levegő
Aterrissagem	Leszállás
Atmosfera	Légkör
Aventura	Kaland
Balão	Ballon
Céu	Ég
Combustível	Üzemanyag
Construção	Építés
Descida	Származás
Direção	Irány
Hidrogênio	Hidrogén
História	Történelem
Inflar	Felfúj
Motor	Motor
Navegar	Hajózik
Passageiro	Utas
Piloto	Pilóta
Tripulação	Legénység
Turbulência	Turbulencia

Álgebra
Algebra

Diagrama	Diagram
Equação	Egyenlet
Expoente	Kitevő
Falso	Hamis
Fator	Tényező
Fórmula	Képlet
Fração	Töredék
Infinito	Végtelen
Linear	Lineáris
Matriz	Mátrix
Número	Szám
Parêntese	Zárójel
Problema	Probléma
Quantidade	Mennyiség
Simplificar	Egyszerűsítés
Solução	Megoldás
Soma	Összeg
Subtração	Kivonás
Variável	Változó
Zero	Nulla

Balé
Balett

Aplauso	Taps
Artístico	Művészi
Bailarina	Balerina
Compositor	Zeneszerző
Coreografia	Koreográfia
Dançarinos	Táncosok
Ensaio	Próba
Estilo	Stílus
Expressivo	Kifejező
Gesto	Gesztus
Gracioso	Kecses
Habilidade	Készség
Intensidade	Intenzitás
Música	Zene
Orquestra	Zenekar
Prática	Gyakorlat
Público	Közönség
Ritmo	Ritmus
Solo	Szóló
Técnica	Technika

Barcos
Csónakok

Âncora	Horgony
Balsa	Komp
Bóia	Bója
Caiaque	Kajak
Canoa	Kenu
Corda	Kötél
Doca	Dokk
Iate	Jacht
Jangada	Tutaj
Lago	Tó
Mar	Tenger
Maré	Dagály
Marinheiro	Tengerész
Mastro	Árboc
Motor	Motor
Náutico	Tengeri
Oceano	Óceán
Ondas	Hullámok
Rio	Folyó
Tripulação	Legénység

Beleza
Szépség

Batom	Rúzs
Cachos	Fürtök
Charme	Báj
Cor	Szín
Cosméticos	Kozmetika
Elegante	Elegáns
Elegância	Elegancia
Espelho	Tükör
Estilista	Stylist
Fotogênico	Fotogén
Fragrância	Illat
Graça	Kegyelem
Maquiagem	Smink
Óleos	Olajok
Pele	Bőr
Produtos	Termékek
Suave	Sima
Tesoura	Olló
Xampu	Sampon

Café
Kávé

Açúcar	Cukor
Amargo	Keserű
Aroma	Aroma
Assado	Pörkölt
Água	Víz
Bebida	Ital
Cafeína	Koffein
Copa	Csésze
Creme	Krém
Filtro	Szűrő
Leite	Tej
Líquido	Folyadék
Manhã	Reggel
Moer	Darál
Origem	Eredet
Preço	Ár
Preto	Fekete
Sabor	Íz
Variedade	Fajta

Caminhada
Túrázás

Acampamento	Kemping
Animais	Állatok
Água	Víz
Botas	Csizma
Cansado	Fáradt
Clima	Éghajlat
Guias	Útmutatók
Mapa	Térkép
Montanha	Hegy
Natureza	Természet
Orientação	Orientáció
Parques	Parkok
Pedras	Kövek
Penhasco	Szikla
Perigos	Veszélyek
Pesado	Nehéz
Preparação	Előkészítés
Selvagem	Vad
Sol	Nap
Tempo	Időjárás

Casa
Ház

Biblioteca	Könyvtár
Cerca	Kerítés
Chaves	Kulcsok
Chuveiro	Zuhany
Cortinas	Függönyök
Cozinha	Konyha
Espelho	Tükör
Garagem	Garázs
Janela	Ablak
Jardim	Kert
Lareira	Kandalló
Mobiliário	Bútor
Parede	Fal
Porta	Ajtó
Quarto	Szoba
Sótão	Padlás
Tapete	Szőnyeg
Teto	Mennyezet
Torneira	Csap
Vassoura	Seprű

Churrascos
Grillezés

Almoço	Ebéd
Convite	Meghívás
Crianças	Gyermekek
Facas	Kések
Família	Család
Fome	Éhség
Frango	Csirke
Fruta	Gyümölcs
Grelha	Grill
Jantar	Vacsora
Jogos	Játékok
Legumes	Zöldségek
Molho	Szósz
Música	Zene
Pimenta	Bors
Quente	Forró
Sal	Só
Saladas	Saláták
Tomates	Paradicsom
Verão	Nyár

Cidade
Város

Aeroporto	Repülőtér
Banco	Bank
Biblioteca	Könyvtár
Cinema	Mozi
Escola	Iskola
Estádio	Stadion
Farmácia	Gyógyszertár
Florista	Virágárus
Galeria	Galéria
Hotel	Szálloda
Jardim Zoológico	Állatkert
Livraria	Könyvesbolt
Mercado	Piac
Museu	Múzeum
Padaria	Pékség
Restaurante	Étterem
Salão	Szalon
Supermercado	Szupermarket
Teatro	Színház
Universidade	Egyetem

Ciência
Tudomány

Átomo	Atom
Cientista	Tudós
Clima	Éghajlat
Dados	Adat
Evolução	Evolúció
Experiência	Kísérlet
Fato	Tény
Física	Fizika
Fóssil	Fosszilis
Gravidade	Gravitáció
Hipótese	Hipotézis
Laboratório	Laboratórium
Método	Módszer
Moléculas	Molekulák
Natureza	Természet
Observação	Megfigyelés
Organismo	Szervezet
Partículas	Részecskék
Plantas	Növények
Químico	Kémiai

Circo
Cirkusz

Acrobata	Akrobata
Animais	Állatok
Balões	Léggömbök
Bilhete	Jegy
Desfile	Parádé
Doce	Cukorka
Elefante	Elefánt
Espectador	Néző
Espetacular	Látványos
Leão	Oroszlán
Macaco	Majom
Magia	Mágia
Malabarista	Zsonglőr
Mágico	Bűvész
Música	Zene
Palhaço	Bohóc
Tenda	Sátor
Tigre	Tigris
Traje	Jelmez
Truque	Trükk

Clima
Időjárás

Arco-Íris	Szivárvány
Atmosfera	Légkör
Brisa	Szellő
Céu	Ég
Clima	Éghajlat
Furacão	Hurrikán
Gelo	Jég
Monção	Monszun
Nevoeiro	Köd
Nuvem	Felhő
Polar	Poláris
Relâmpago	Villám
Seca	Aszály
Seco	Száraz
Temperatura	Hőmérséklet
Tempestade	Vihar
Tornado	Tornádó
Tropical	Trópusi
Trovão	Mennydörgés
Vento	Szél

Comida # 2
Élelmiszer # 2

Alcachofra	Articsóka
Amêndoa	Mandula
Arroz	Rizs
Banana	Banán
Beringela	Padlizsán
Brócolis	Brokkoli
Cereja	Cseresznye
Chocolate	Csokoládé
Cogumelo	Gomba
Frango	Csirke
Iogurte	Joghurt
Kiwi	Kivi
Maçã	Alma
Ovo	Tojás
Peixe	Hal
Presunto	Sonka
Queijo	Sajt
Tomate	Paradicsom
Trigo	Búza
Uva	Szőlő

Comida #1
Élelmiszer #1

Açúcar	Cukor
Alho	Fokhagyma
Amendoim	Földimogyoró
Atum	Tonhal
Bolo	Torta
Canela	Fahéj
Cebola	Hagyma
Cenoura	Sárgarépa
Cevada	Árpa
Damasco	Sárgabarack
Espinafre	Spenót
Leite	Tej
Limão	Citrom
Manjericão	Bazsalikom
Morango	Eper
Nabo	Fehérrépa
Sal	Só
Salada	Saláta
Sopa	Leves
Suco	Gyümölcslé

Corpo Humano
Emberi Test

Boca	Száj
Cabeça	Fej
Cérebro	Agy
Coração	Szív
Cotovelo	Könyök
Dedo	Ujj
Joelho	Térd
Mandíbula	Állkapocs
Mão	Kéz
Nariz	Orr
Olho	Szem
Ombro	Váll
Orelha	Fül
Pele	Bőr
Perna	Láb
Pescoço	Nyak
Queixo	Áll
Sangue	Vér
Testa	Homlok
Tornozelo	Boka

Cozinha
Konyha

Avental	Kötény
Chaleira	Vízforraló
Colheres	Kanalak
Comer	Enni
Concha	Merőkanál
Cups	Csészék
Especiarias	Fűszerek
Esponja	Szivacs
Facas	Kések
Forno	Sütő
Freezer	Mélyhűtő
Garfos	Villa
Geladeira	Hűtőszekrény
Grelha	Grill
Guardanapo	Szalvéta
Jar	Korsó
Jarro	Kancsó
Receita	Recept
Tigela	Tál

Criatividade
Kreativitás

Artístico	Művészi
Autenticidade	Hitelesség
Clareza	Világosság
Dramático	Drámai
Emoções	Érzelmek
Espontânea	Spontán
Expressão	Kifejezés
Fluidez	Folyékonyság
Habilidade	Készség
Imagem	Kép
Imaginação	Képzelet
Impressão	Benyomás
Inspiração	Ihlet
Intensidade	Intenzitás
Intuição	Intuíció
Inventivo	Találékony
Sensação	Szenzáció
Sentimentos	Érzések
Visões	Víziók
Vitalidade	Életerő

Dança
Tánc

Academia	Akadémia
Alegre	Vidám
Arte	Művészet
Clássico	Klasszikus
Coreografia	Koreográfia
Corpo	Test
Cultura	Kultúra
Cultural	Kulturális
Emoção	Érzelem
Ensaio	Próba
Expressivo	Kifejező
Graça	Kegyelem
Movimento	Mozgás
Música	Zene
Parceiro	Partner
Postura	Testtartás
Ritmo	Ritmus
Tradicional	Hagyományos
Visual	Vizuális

Dias e Meses
Napok és Hónapok

Abril	Április
Agosto	Augusztus
Ano	Év
Calendário	Naptár
Dezembro	December
Domingo	Vasárnap
Fevereiro	Február
Janeiro	Január
Julho	Július
Junho	Június
Mês	Hónap
Novembro	November
Outubro	Október
Quinta-Feira	Csütörtök
Sábado	Szombat
Segunda-Feira	Hétfő
Semana	Hét
Setembro	Szeptember
Sexta-Feira	Péntek
Terça	Kedd

Diplomacia
Diplomácia

Cidadãos	Polgárok
Comunidade	Közösség
Conflito	Konfliktus
Consultor	Tanácsadó
Cooperação	Együttműködés
Diplomático	Diplomáciai
Discussão	Vita
Embaixada	Nagykövetség
Embaixador	Nagykövet
Ética	Etika
Governo	Kormány
Humanitário	Humanitárius
Integridade	Integritás
Justiça	Igazságosság
Línguas	Nyelvek
Política	Politika
Resolução	Felbontás
Segurança	Biztonság
Solução	Megoldás
Tratado	Szerződés

Dirigindo
Vezetés

Acidente	Baleset
Carro	Autó
Combustível	Üzemanyag
Cuidado	Vigyázat
Estrada	Út
Freios	Fékek
Garagem	Garázs
Gás	Gáz
Licença	Engedély
Mapa	Térkép
Motocicleta	Motorkerékpár
Motor	Motor
Pedestre	Gyalogos
Perigo	Veszély
Polícia	Rendőrség
Rua	Utca
Segurança	Biztonság
Transporte	Szállítás
Tráfego	Forgalom
Túnel	Alagút

Disciplinas Científicas
Tudományos Tudományágak

Anatomia	Anatómia
Arqueologia	Régészet
Astronomia	Csillagászat
Biologia	Biológia
Bioquímica	Biokémia
Botânica	Botanika
Cinesiologia	Kineziológia
Ecologia	Ökológia
Fisiologia	Fiziológia
Geologia	Geológia
Imunologia	Immunológia
Linguística	Nyelvészet
Meteorologia	Meteorológia
Mineralogia	Ásványtan
Neurologia	Neurológia
Psicologia	Pszichológia
Química	Kémia
Sociologia	Szociológia
Termodinâmica	Termodinamika
Zoologia	Állattan

Ecologia
Ökológia

Clima	Éghajlat
Comunidades	Közösségek
Diversidade	Sokféleség
Fauna	Fauna
Flora	Növényvilág
Global	Globális
Habitat	Élőhely
Marinho	Tengeri
Montanhas	Hegyek
Natural	Természetes
Natureza	Természet
Pântano	Mocsár
Plantas	Növények
Recursos	Források
Seca	Aszály
Sobrevivência	Túlélés
Sustentável	Fenntartható
Variedade	Fajta
Vegetação	Növényzet
Voluntários	Önkéntesek

Edifícios
Épületek

Apartamento	Lakás
Cabine	Kabin
Castelo	Vár
Celeiro	Pajta
Cinema	Mozi
Embaixada	Nagykövetség
Escola	Iskola
Estádio	Stadion
Fazenda	Gazdaság
Fábrica	Gyár
Garagem	Garázs
Hospital	Kórház
Hotel	Szálloda
Laboratório	Laboratórium
Museu	Múzeum
Supermercado	Szupermarket
Teatro	Színház
Tenda	Sátor
Torre	Torony
Universidade	Egyetem

Energia
Energia

Ambiente	Környezet
Bateria	Akkumulátor
Calor	Hő
Carbono	Szén
Combustível	Üzemanyag
Diesel	Dízel
Elétrico	Elektromos
Elétron	Elektron
Entropia	Entrópia
Fóton	Foton
Gasolina	Benzin
Hidrogênio	Hidrogén
Indústria	Ipar
Motor	Motor
Nuclear	Nukleáris
Poluição	Szennyezés
Renovável	Megújuló
Sol	Nap
Turbina	Turbina
Vento	Szél

Engenharia
Műszaki

Atrito	Súrlódás
Ângulo	Szög
Cálculo	Számítás
Construção	Építés
Diagrama	Diagram
Diâmetro	Átmérő
Diesel	Dízel
Dimensões	Méretek
Distribuição	Eloszlás
Eixo	Tengely
Energia	Energia
Estabilidade	Stabilitás
Estrutura	Szerkezet
Força	Erő
Líquido	Folyadék
Máquina	Gép
Medição	Mérés
Motor	Motor
Profundidade	Mélység
Propulsão	Meghajtás

Especiarias
Fűszerek

Açafrão	Sáfrány
Alcaçuz	Édesgyökér
Alho	Fokhagyma
Amargo	Keserű
Anis	Ánizs
Azedo	Savanyú
Baunilha	Vanília
Canela	Fahéj
Cardamomo	Kardamom
Caril	Curry
Cebola	Hagyma
Coentro	Koriander
Cominho	Kömény
Doce	Édes
Funcho	Édeskömény
Gengibre	Gyömbér
Noz-Moscada	Szerecsendió
Pimenta	Bors
Sabor	Íz
Sal	Só

Esporte
Sport

Alongamento	Nyújtás
Atleta	Atléta
Capacidade	Képesség
Ciclismo	Kerékpározás
Corpo	Test
Dançando	Tánc
Dieta	Diéta
Esportes	Sport
Força	Erő
Jogging	Kocogás
Maximizar	Maximalizálás
Metabólico	Metabolikus
Músculos	Izmok
Nutrição	Táplálkozás
Objetivo	Cél
Ossos	Csontok
Programa	Program
Resistência	Kitartás
Saúde	Egészség
Treinador	Edző

Ética
Etika

Altruísmo	Önzetlenség
Benevolente	Jóindulatú
Bondade	Kedvesség
Compaixão	Együttérzés
Cooperação	Együttműködés
Dignidade	Méltóság
Diplomático	Diplomáciai
Filosofia	Filozófia
Honestidade	Őszinteség
Humanidade	Emberiség
Integridade	Integritás
Otimismo	Optimizmus
Paciência	Türelem
Racionalidade	Racionalitás
Razoável	Ésszerű
Realismo	Realizmus
Sabedoria	Bölcsesség
Tolerância	Tolerancia
Valores	Értékek

Família
Család

Antepassado	Ős
Avó	Nagymama
Avô	Nagyapa
Criança	Gyermek
Crianças	Gyermekek
Esposa	Feleség
Filha	Lánya
Infância	Gyermekkor
Irmão	Testvér
Marido	Férj
Materno	Anyai
Mãe	Anya
Neto	Unoka
Pai	Apa
Paterno	Apai
Primo	Unokatestvér
Sobrinha	Unokahúg
Sobrinho	Unokaöcs
Tia	Néni
Tio	Nagybácsi

Fazenda #1
Gazdaság #1

Abelha	Méh
Agricultura	Mezőgazdaság
Arroz	Rizs
Água	Víz
Bezerro	Borjú
Burro	Szamár
Cabra	Kecske
Campo	Mező
Cavalo	Ló
Cão	Kutya
Cerca	Kerítés
Corvo	Varjú
Feno	Széna
Fertilizante	Trágya
Frango	Csirke
Gato	Macska
Mel	Méz
Porco	Malac
Rebanho	Nyáj
Vaca	Tehén

Fazenda #2
2. Gazdaság

Agricultor	Gazda
Animais	Állatok
Celeiro	Pajta
Cevada	Árpa
Colmeia	Méhkas
Cordeiro	Bárány
Fruta	Gyümölcs
Irrigação	Öntözés
Leite	Tej
Lhama	Láma
Maduro	Érett
Milho	Kukorica
Ovelha	Juh
Pastor	Pásztor
Pato	Kacsa
Pomar	Gyümölcsös
Prado	Rét
Trator	Traktor
Trigo	Búza
Vegetal	Növényi

Férias #2
Nyaralás #2

Acampamento	Kemping
Aeroporto	Repülőtér
Estrangeiro	Külföldi
Feriado	Nyaralás
Fotos	Fotók
Hotel	Szálloda
Ilha	Sziget
Lazer	Szabadidő
Mapa	Térkép
Mar	Tenger
Montanhas	Hegyek
Passaporte	Útlevél
Praia	Strand
Reservas	Foglalások
Restaurante	Étterem
Táxi	Taxi
Tenda	Sátor
Transporte	Szállítás
Viagem	Utazás
Visto	Vízum

Ficção Científica
Sci-Fi

Atómico	Atomi
Cinema	Mozi
Distante	Távoli
Distopia	Dystopia
Explosão	Robbanás
Extremo	Szélsőséges
Fantástico	Fantasztikus
Fogo	Tűz
Futurista	Futurisztikus
Galáxia	Galaxis
Ilusão	Illúzió
Imaginário	Képzeletbeli
Livros	Könyvek
Misterioso	Rejtélyes
Mundo	Világ
Oráculo	Jóslat
Planeta	Bolygó
Robôs	Robotok
Tecnologia	Technológia
Utopia	Utópia

Filantropia
Filantrópia

Caridade	Jótékonyság
Comunidade	Közösség
Contatos	Kapcsolatok
Crianças	Gyermekek
Desafios	Kihívások
Finança	Pénzügy
Fundos	Alapok
Generosidade	Nagylelkűség
Global	Globális
Grupos	Csoportok
História	Történelem
Honestidade	Őszinteség
Humanidade	Emberiség
Juventude	Ifjúság
Missão	Küldetés
Necessidade	Szükség
Objetivos	Célok
Pessoas	Emberek
Programas	Programok
Público	Nyilvános

Física
Fizika

Aceleração	Gyorsulás
Átomo	Atom
Caos	Káosz
Densidade	Sűrűség
Elétron	Elektron
Fórmula	Képlet
Frequência	Frekvencia
Gás	Gáz
Gravidade	Gravitáció
Magnetismo	Mágnesesség
Massa	Tömeg
Mecânica	Mechanika
Molécula	Molekula
Motor	Motor
Nuclear	Nukleáris
Partícula	Részecske
Químico	Kémiai
Relatividade	Relativitás
Universal	Egyetemes
Velocidade	Sebesség

Flores
Virágok

Buquê	Csokor
Calêndula	Körömvirág
Dente-De-Leão	Pitypang
Gardênia	Gardénia
Girassol	Napraforgó
Hibisco	Hibiszkusz
Jasmim	Jázmin
Lavanda	Levendula
Lilás	Halványlila
Lírio	Liliom
Magnólia	Magnólia
Margarida	Százszorszép
Orquídea	Orchidea
Papoula	Mák
Peônia	Bazsarózsa
Pétala	Szirom
Plumeria	Plumeria
Rosa	Rózsa
Trevo	Lóhere
Tulipa	Tulipán

Floresta Tropical
Esőerdők

Anfíbios	Kétéltűek
Botânico	Botanika
Clima	Éghajlat
Comunidade	Közösség
Diversidade	Sokféleség
Espécies	Faj
Insetos	Rovarok
Mamíferos	Emlősök
Musgo	Moha
Natureza	Természet
Nuvens	Felhők
Pássaros	Madarak
Preservação	Megőrzés
Refúgio	Menedék
Respeito	Tisztelet
Restauração	Helyreállítás
Selva	Dzsungel
Sobrevivência	Túlélés
Valioso	Értékes

Força e Gravidade
Erő és Gravitáció

Atrito	Súrlódás
Centro	Központ
Descoberta	Felfedezés
Dinâmico	Dinamikus
Distância	Távolság
Eixo	Tengely
Expansão	Terjeszkedés
Física	Fizika
Impacto	Hatás
Magnetismo	Mágnesesség
Magnitude	Nagyság
Mecânica	Mechanika
Órbita	Pálya
Peso	Súly
Planetas	Bolygók
Pressão	Nyomás
Propriedades	Tulajdonságok
Rapidez	Sebesség
Tempo	Idő
Universal	Egyetemes

Frutas
Gyümölcs

Abacate	Avokádó
Abacaxi	Ananász
Amora	Szeder
Baga	Bogyó
Banana	Banán
Cereja	Cseresznye
Coco	Kókuszdió
Damasco	Sárgabarack
Figo	Ábra
Framboesa	Málna
Kiwi	Kivi
Laranja	Narancs
Limão	Citrom
Maçã	Alma
Mamão	Papaja
Manga	Mangó
Nectarina	Nektarin
Pera	Körte
Pêssego	Őszibarack
Uva	Szőlő

Geografia
Földrajz

Altitude	Magasság
Atlas	Atlasz
Cidade	Város
Continente	Kontinens
Hemisfério	Félteke
Ilha	Sziget
Latitude	Szélesség
Mapa	Térkép
Mar	Tenger
Meridiano	Meridián
Montanha	Hegy
Mundo	Világ
Norte	Észak
Oceano	Óceán
Oeste	Nyugat
País	Ország
Região	Vidék
Rio	Folyó
Sul	Dél
Território	Terület

Geologia
Geológia

Ácido	Sav
Camada	Réteg
Caverna	Barlang
Cálcio	Kalcium
Ciclos	Ciklusok
Continente	Kontinens
Coral	Korall
Cristais	Kristályok
Erosão	Erózió
Estalactite	Cseppkő
Estalagmites	Sztalagmitok
Fóssil	Fosszilis
Lava	Láva
Pedra	Kő
Platô	Fennsík
Quartzo	Kvarc
Sal	Só
Terremoto	Földrengés
Vulcão	Vulkán
Zona	Zóna

Geometria
Geometria

Altura	Magasság
Ângulo	Szög
Cálculo	Számítás
Círculo	Kör
Curva	Ív
Diâmetro	Átmérő
Dimensão	Dimenzió
Equação	Egyenlet
Horizontal	Vízszintes
Lógica	Logika
Massa	Tömeg
Mediana	Medián
Paralelo	Párhuzamos
Proporção	Arány
Segmento	Szegmens
Simetria	Szimmetria
Superfície	Felület
Teoria	Elmélet
Triângulo	Háromszög
Vertical	Függőleges

Governo
Kormányzat

Civil	Polgári
Constituição	Alkotmány
Democracia	Demokrácia
Discurso	Beszéd
Discussão	Vita
Distrito	Kerület
Estado	Állam
Igualdade	Egyenlőség
Independência	Függetlenség
Judicial	Bírósági
Justiça	Igazságosság
Lei	Törvény
Liberdade	Szabadság
Líder	Vezető
Monumento	Emlékmű
Nacional	Nemzeti
Nação	Nemzet
Pacífico	Békés
Política	Politika
Símbolo	Szimbólum

Herbalismo
Herbalism

Açafrão	Sáfrány
Alecrim	Rozmaring
Alho	Fokhagyma
Aromático	Aromás
Benéfico	Előnyös
Coentro	Koriander
Estragão	Tárkony
Flor	Virág
Funcho	Édeskömény
Ingrediente	Összetevő
Jardim	Kert
Lavanda	Levendula
Manjericão	Bazsalikom
Manjerona	Majoránna
Planta	Növény
Qualidade	Minőség
Sabor	Íz
Salsa	Petrezselyem
Tomilho	Kakukkfű
Verde	Zöld

Instrumentos Musicais
Hangszerek

Bandolim	Mandolin
Banjo	Bendzsó
Clarinete	Klarinét
Fagote	Fagott
Flauta	Fuvola
Gaita	Harmonika
Gongo	Gong
Harpa	Hárfa
Marimba	Marimba
Oboé	Oboa
Pandeiro	Csörgődob
Piano	Zongora
Saxofone	Szaxofon
Tambor	Dob
Trombone	Harsona
Trompete	Trombita
Violão	Gitár
Violino	Hegedű
Violoncelo	Cselló

Jardim
Kert

Ancinho	Gereblye
Arbusto	Bokor
Árvore	Fa
Banco	Pad
Cerca	Kerítés
Flor	Virág
Garagem	Garázs
Grama	Fű
Gramado	Gyep
Jardim	Kert
Lagoa	Tavacska
Maca	Függőágy
Mangueira	Tömlő
Pá	Lapát
Pomar	Gyümölcsös
Solo	Talaj
Terraço	Terasz
Trampolim	Trambulin
Varanda	Tornác
Videira	Szőlő

Jardinagem
Kertészkedés

Água	Víz
Botânico	Botanika
Buquê	Csokor
Clima	Éghajlat
Comestível	Ehető
Composto	Komposzt
Espécies	Faj
Exótico	Egzotikus
Flor	Virág
Floral	Virágos
Folha	Levél
Folhagem	Lombozat
Mangueira	Tömlő
Pomar	Gyümölcsös
Recipiente	Tartály
Sazonal	Szezonális
Sementes	Magok
Solo	Talaj
Sujeira	Piszok
Umidade	Nedvesség

Jazz
Dzsessz

Artista	Művész
Álbum	Album
Bateria	Dobok
Canção	Dal
Composição	Összetétel
Compositor	Zeneszerző
Concerto	Koncert
Estilo	Stílus
Ênfase	Hangsúly
Famoso	Híres
Favoritos	Kedvencek
Gênero	Műfaj
Improvisação	Improvizáció
Música	Zene
Novo	Új
Orquestra	Zenekar
Ritmo	Ritmus
Talento	Tehetség
Técnica	Technika
Velho	Régi

Literatura
Irodalom

Analogia	Analógia
Análise	Elemzés
Anedota	Anekdota
Autor	Szerző
Biografia	Életrajz
Conclusão	Következtetés
Descrição	Leírás
Diálogo	Párbeszéd
Estilo	Stílus
Ficção	Fikció
Metáfora	Metafora
Narrador	Narrátor
Opinião	Vélemény
Poema	Vers
Poético	Költői
Rima	Rím
Ritmo	Ritmus
Romance	Regény
Tema	Téma
Tragédia	Tragédia

Livros
Könyvek

Autor	Szerző
Aventura	Kaland
Coleção	Gyűjtemény
Contexto	Kontextus
Dualidade	Kettősség
Escrito	Írott
Épico	Epikus
História	Történet
Histórico	Történelmi
Inventivo	Találékony
Leitor	Olvasó
Literário	Irodalmi
Narrador	Narrátor
Página	Oldal
Poema	Vers
Poesia	Költészet
Relevante	Ide Vonatkozó
Romance	Regény
Série	Sorozat
Trágico	Tragikus

Mamíferos
Emlősök

Baleia	Bálna
Camelo	Teve
Canguru	Kenguru
Castor	Hód
Cavalo	Ló
Cão	Kutya
Coelho	Nyúl
Coiote	Prérifarkas
Elefante	Elefánt
Gato	Macska
Girafa	Zsiráf
Golfinho	Delfin
Gorila	Gorilla
Leão	Oroszlán
Lobo	Farkas
Macaco	Majom
Ovelha	Juh
Raposa	Róka
Touro	Bika
Zebra	Zebra

Matemática
Matematika

Aritmética	Számtan
Ângulos	Szögek
Decimal	Tizedes
Diâmetro	Átmérő
Equação	Egyenlet
Esfera	Gömb
Expoente	Kitevő
Fração	Töredék
Geometria	Geometria
Números	Számok
Paralelo	Párhuzamos
Perímetro	Kerület
Perpendicular	Merőleges
Polígono	Poligon
Quadrado	Négyzet
Raio	Sugár
Retângulo	Téglalap
Simetria	Szimmetria
Soma	Összeg
Triângulo	Háromszög

Material de Arte
Művészeti Kellékek

Acrílico	Akril
Apagador	Radír
Aquarelas	Akvarellek
Argila	Agyag
Água	Víz
Cadeira	Szék
Carvão	Faszén
Cavalete	Festőállvány
Câmera	Kamera
Cola	Ragasztó
Cores	Színek
Criatividade	Kreativitás
Escovas	Ecsetek
Lápis	Ceruzák
Mesa	Asztal
Óleo	Olaj
Papel	Papír
Pastels	Pasztell
Tinta	Tinta
Tintas	Festékek

Medições
Mérések

Altura	Magasság
Byte	Bájt
Centímetro	Centiméter
Comprimento	Hossz
Decimal	Tizedes
Grama	Gramm
Grau	Fokozat
Largura	Szélesség
Litro	Liter
Massa	Tömeg
Metro	Mérő
Minuto	Perc
Onça	Uncia
Peso	Súly
Polegada	Hüvelyk
Profundidade	Mélység
Quarto	Kvart
Quilograma	Kilogramm
Quilômetro	Kilométer
Tonelada	Tonna

Meditação
Elmélkedés

Aceitação	Elfogadás
Acordado	Ébren
Atenção	Figyelem
Bondade	Kedvesség
Clareza	Világosság
Compaixão	Együttérzés
Emoções	Érzelmek
Ensinamentos	Tanítások
Gratidão	Hála
Mental	Mentális
Mente	Elme
Movimento	Mozgás
Música	Zene
Natureza	Természet
Observação	Megfigyelés
Paz	Béke
Pensamentos	Gondolatok
Perspectiva	Perspektíva
Postura	Testtartás
Silêncio	Csend

Mitologia
Mitológia

Arquétipo	Archetípus
Ciúmes	Féltékenység
Comportamento	Viselkedés
Criação	Teremtés
Criatura	Teremtmény
Cultura	Kultúra
Desastre	Katasztrófa
Força	Erő
Guerreiro	Harcos
Heroína	Hősnő
Herói	Hős
Labirinto	Labirintus
Lenda	Legenda
Mágico	Mágikus
Monstro	Szörny
Mortal	Halandó
Relâmpago	Villám
Triunfante	Diadalmas
Trovão	Mennydörgés
Vingança	Bosszú

Moda
Divat

Acessível	Megfizethető
Bordado	Hímzés
Botões	Gombok
Boutique	Butik
Caro	Drága
Confortável	Kényelmes
Elegante	Elegáns
Estilo	Stílus
Medidas	Mérések
Minimalista	Minimalista
Moderno	Modern
Modesto	Szerény
Original	Eredeti
Prático	Gyakorlati
Renda	Csipke
Roupa	Ruházat
Simples	Egyszerű
Tecido	Szövet
Tendência	Irányzat
Textura	Textúra

Música
Zene

Álbum	Album
Balada	Ballada
Cantar	Énekel
Cantor	Énekes
Clássico	Klasszikus
Coro	Kórus
Gravação	Felvétel
Harmonia	Harmónia
Improvisar	Rögtönöz
Instrumento	Eszköz
Lírico	Lírai
Melodia	Dallam
Microfone	Mikrofon
Musical	Zenei
Músico	Zenész
Ópera	Opera
Poético	Költői
Ritmo	Ritmus
Tempo	Tempó
Vocal	Ének

Natureza
Természet

Abelhas	Méhek
Abrigo	Menedék
Animais	Állatok
Ártico	Sarkvidéki
Beleza	Szépség
Deserto	Sivatag
Dinâmico	Dinamikus
Erosão	Erózió
Floresta	Erdő
Folhagem	Lombozat
Geleira	Gleccser
Nevoeiro	Köd
Nuvens	Felhők
Pacífico	Békés
Rio	Folyó
Santuário	Szentély
Selvagem	Vad
Sereno	Derűs
Tropical	Trópusi
Vital	Létfontosságú

Negócios
Üzleti

Carreira	Karrier
Custo	Költség
Desconto	Kedvezmény
Dinheiro	Pénz
Empregado	Alkalmazott
Empregador	Munkáltató
Empresa	Vállalat
Escritório	Iroda
Fábrica	Gyár
Finança	Pénzügy
Gerente	Menedzser
Impostos	Adók
Investimento	Beruházás
Loja	Üzlet
Lucro	Nyereség
Mercadoria	Áru
Moeda	Valuta
Orçamento	Költségvetés
Rendimento	Jövedelem
Venda	Eladás

Nutrição
Teljesítmény

Amargo	Keserű
Apetite	Étvágy
Calorias	Kalória
Carboidratos	Szénhidrátok
Comestível	Ehető
Dieta	Diéta
Digestão	Emésztés
Fermentação	Erjesztés
Ingredientes	Összetevők
Líquidos	Folyadékok
Molho	Szósz
Nutriente	Tápanyag
Peso	Súly
Proteínas	Fehérjék
Qualidade	Minőség
Sabor	Íz
Saudável	Egészséges
Saúde	Egészség
Toxina	Toxin
Vitamina	Vitamin

Números
Számok

Cinco	Öt
Decimal	Tizedes
Dez	Tíz
Dezesseis	Tizenhat
Dezessete	Tizenhét
Dezoito	Tizennyolc
Dois	Kettő
Doze	Tizenkettő
Nove	Kilenc
Oito	Nyolc
Quatorze	Tizennégy
Quatro	Négy
Quinze	Tizenöt
Seis	Hat
Sete	Hét
Treze	Tizenhárom
Três	Három
Um	Egy
Vinte	Húsz
Zero	Nulla

Oceano
Óceán

Atum	Tonhal
Baleia	Bálna
Barco	Hajó
Camarão	Garnélarák
Caranguejo	Rák
Coral	Korall
Enguia	Angolna
Esponja	Szivacs
Golfinho	Delfin
Marés	Árapály
Medusa	Medúza
Ondas	Hullámok
Ostra	Osztriga
Peixe	Hal
Polvo	Polip
Recife	Zátony
Sal	Só
Tartaruga	Teknős
Tempestade	Vihar
Tubarão	Cápa

Paisagens
Tájképek

Cascata	Vízesés
Caverna	Barlang
Colina	Domb
Deserto	Sivatag
Geleira	Gleccser
Golfo	Öböl
Iceberg	Jéghegy
Ilha	Sziget
Lago	Tó
Mar	Tenger
Montanha	Hegy
Oásis	Oázis
Oceano	Óceán
Pântano	Mocsár
Península	Félsziget
Praia	Strand
Rio	Folyó
Tundra	Tundra
Vale	Völgy
Vulcão	Vulkán

Países #1
Országok #1

Alemanha	Németország
Brasil	Brazília
Camboja	Kambodzsa
Canadá	Kanada
Egito	Egyiptom
Equador	Ecuador
Espanha	Spanyolország
Finlândia	Finnország
Iraque	Irak
Israel	Izrael
Itália	Olaszország
Índia	India
Mali	Mali
Marrocos	Marokkó
Nicarágua	Nicaragua
Noruega	Norvégia
Panamá	Panama
Polônia	Lengyelország
Senegal	Szenegál
Venezuela	Venezuela

Países #2
Országok #2

Albânia	Albánia
Dinamarca	Dánia
França	Franciaország
Grécia	Görögország
Haiti	Haiti
Indonésia	Indonézia
Irlanda	Írország
Jamaica	Jamaica
Japão	Japán
Laos	Laosz
Líbano	Libanon
México	Mexikó
Nepal	Nepál
Nigéria	Nigéria
Paquistão	Pakisztán
Rússia	Oroszország
Síria	Szíria
Somália	Szomália
Ucrânia	Ukrajna
Uganda	Uganda

Pássaros
Madarak

Avestruz	Strucc
Águia	Sas
Cegonha	Gólya
Cisne	Hattyú
Corvo	Varjú
Cuco	Kakukk
Flamingo	Flamingó
Frango	Csirke
Gaivota	Sirály
Ganso	Liba
Garça	Gém
Ovo	Tojás
Papagaio	Papagáj
Pardal	Veréb
Pato	Kacsa
Pavão	Páva
Pelicano	Pelikán
Pinguim	Pingvin
Pombo	Galamb
Tucano	Tukán

Pesca
Halászat

Água	Víz
Barbatanas	Uszonyok
Barco	Hajó
Brânquias	Kopoltyúk
Cesta	Kosár
Cozinhar	Szakács
Equipamento	Felszerelés
Exagero	Túlzás
Fio	Drót
Gancho	Horog
Isca	Csali
Lago	Tó
Mandíbula	Állkapocs
Oceano	Óceán
Paciência	Türelem
Peso	Súly
Praia	Strand
Rio	Folyó
Temporada	Évszak

Plantas
Növények

Arbusto	Bokor
Árvore	Fa
Baga	Bogyó
Bambu	Bambusz
Botânica	Botanika
Cacto	Kaktusz
Erva	Gyógynövény
Feijão	Bab
Fertilizante	Trágya
Flor	Virág
Flora	Növényvilág
Floresta	Erdő
Folhagem	Lombozat
Grama	Fű
Hera	Borostyán
Jardim	Kert
Musgo	Moha
Pétala	Szirom
Raiz	Gyökér
Vegetação	Növényzet

Profissões #1
Foglalkozások #1

Advogado	Ügyvéd
Alfaiate	Szabó
Artista	Művész
Astrônomo	Csillagász
Banqueiro	Bankár
Bombeiro	Tűzoltó
Caçador	Vadász
Cartógrafo	Térképész
Cientista	Tudós
Dançarino	Táncos
Editor	Szerkesztő
Embaixador	Nagykövet
Enfermeira	Ápoló
Geólogo	Geológus
Joalheiro	Ékszerész
Marinheiro	Tengerész
Músico	Zenész
Pianista	Zongorista
Psicólogo	Pszichológus
Veterinário	Állatorvos

Profissões #2
Foglalkozások #2

Agricultor	Gazda
Astronauta	Űrhajós
Bibliotecário	Könyvtáros
Biólogo	Biológus
Cirurgião	Sebész
Dentista	Fogorvos
Engenheiro	Mérnök
Filósofo	Filozófus
Fotógrafo	Fotós
Ilustrador	Illusztrátor
Inventor	Feltaláló
Investigador	Kutató
Jardineiro	Kertész
Jornalista	Újságíró
Linguista	Nyelvész
Médico	Orvos
Piloto	Pilóta
Pintor	Festő
Professor	Tanár
Zoólogo	Zoológus

Psicologia
Pszichológia

Avaliação	Értékelés
Clínico	Klinikai
Cognição	Megismerés
Comportamento	Viselkedés
Conflito	Konfliktus
Ego	Én
Emoções	Érzelmek
Experiências	Tapasztalatok
Inconsciente	Eszméletlen
Infância	Gyermekkor
Influências	Befolyások
Pensamentos	Gondolatok
Percepção	Észlelés
Personalidade	Személyiség
Problema	Probléma
Realidade	Valóság
Sensação	Szenzáció
Sonhos	Álmok
Subconsciente	Tudatalatti
Terapia	Terápia

Química
Kémia

Alcalino	Lúgos
Ácido	Sav
Calor	Hő
Carbono	Szén
Catalisador	Katalizátor
Cloro	Klór
Elementos	Elemek
Elétron	Elektron
Enzima	Enzim
Gás	Gáz
Hidrogênio	Hidrogén
Íon	Ion
Líquido	Folyadék
Molécula	Molekula
Nuclear	Nukleáris
Orgânico	Szerves
Oxigénio	Oxigén
Peso	Súly
Sal	Só
Temperatura	Hőmérséklet

Restaurante # 2
Étterem #2

Almoço	Ebéd
Aperitivo	Előétel
Água	Víz
Bebida	Ital
Bolo	Torta
Cadeira	Szék
Colher	Kanál
Delicioso	Finom
Especiarias	Fűszerek
Fruta	Gyümölcs
Garçom	Pincér
Garfo	Villa
Gelo	Jég
Jantar	Vacsora
Legumes	Zöldségek
Macarrão	Tészta
Peixe	Hal
Sal	Só
Salada	Saláta
Sopa	Leves

Restaurante #1
Étterem #1

Alergia	Allergia
Café	Kávé
Caixa	Pénztáros
Carne	Hús
Comer	Enni
Cozinha	Konyha
Faca	Kés
Frango	Csirke
Garçonete	Pincérnő
Guardanapo	Szalvéta
Ingredientes	Összetevők
Menu	Menü
Molho	Szósz
Pão	Kenyér
Picante	Fűszeres
Placa	Tányér
Reserva	Foglalás
Sobremesa	Desszert
Tigela	Tál

Roupas
Ruházat

Avental	Kötény
Blusa	Blúz
Calça	Nadrág
Camisa	Ing
Casaco	Kabát
Chapéu	Kalap
Cinto	Öv
Colar	Nyaklánc
Jaqueta	Dzseki
Jeans	Farmer
Luvas	Kesztyű
Meias	Zokni
Moda	Divat
Pijama	Pizsama
Pulseira	Karkötő
Saia	Szoknya
Sandálias	Szandál
Sapato	Cipő
Suéter	Pulóver
Vestido	Ruha

Saúde e Bem-Estar #1
Egészség és Wellness #1

Altura	Magasság
Ativo	Aktív
Bactérias	Baktériumok
Clínica	Klinika
Doutor	Orvos
Farmácia	Gyógyszertár
Fome	Éhség
Fratura	Törés
Hábito	Szokás
Hormones	Hormonok
Medicina	Orvosság
Nervos	Idegek
Ossos	Csontok
Pele	Bőr
Postura	Testtartás
Reflexo	Reflex
Relaxamento	Kikapcsolódás
Terapia	Terápia
Tratamento	Kezelés
Vírus	Vírus

Saúde e Bem-Estar #2
Egészség és Wellness #2

Alergia	Allergia
Anatomia	Anatómia
Apetite	Étvágy
Caloria	Kalória
Corpo	Test
Dieta	Diéta
Digestão	Emésztés
Doença	Betegség
Energia	Energia
Genética	Genetika
Higiene	Higiénia
Hospital	Kórház
Humor	Hangulat
Infecção	Fertőzés
Massagem	Masszázs
Peso	Súly
Recuperação	Felépülés
Sangue	Vér
Saudável	Egészséges
Vitamina	Vitamin

Tecnologia
Technológia

Arquivo	Fájl
Blog	Blog
Bytes	Bájt
Câmera	Kamera
Computador	Számítógép
Cursor	Kurzor
Dados	Adat
Digital	Digitális
Estatísticas	Statisztika
Fonte	Betűtípus
Internet	Internet
Mensagem	Üzenet
Navegador	Böngésző
Pesquisa	Kutatás
Segurança	Biztonság
Software	Szoftver
Tela	Képernyő
Virtual	Virtuális
Vírus	Vírus

Tempo
Idő

Agora	Most
Ano	Év
Antes	Előtt
Anual	Éves
Calendário	Naptár
Década	Évtized
Dia	Nap
Futuro	Jövő
Hoje	Ma
Hora	Óra
Manhã	Reggel
Meio-Dia	Dél
Mês	Hónap
Minuto	Perc
Momento	Pillanat
Noite	Éjszaka
Ontem	Tegnap
Passado	Múlt
Semana	Hét
Século	Század

Tipos de Cabelo
Haj Típusok

Branco	Fehér
Brilhante	Fényes
Cachos	Fürtök
Careca	Kopasz
Cinza	Szürke
Colori	Színes
Encaracolado	Göndör
Fino	Vékony
Grosso	Vastag
Loiro	Szőke
Longo	Hosszú
Marrom	Barna
Ondulado	Hullámos
Prata	Ezüst
Preto	Fekete
Saudável	Egészséges
Seco	Száraz
Suave	Puha
Trançado	Fonott
Tranças	Zsinór

Universo
Világegyetem

Asteróide	Aszteroida
Astronomia	Csillagászat
Astrônomo	Csillagász
Atmosfera	Légkör
Celestial	Égi
Céu	Ég
Cósmico	Kozmikus
Equador	Egyenlítő
Galáxia	Galaxis
Hemisfério	Félteke
Horizonte	Horizont
Latitude	Szélesség
Longitude	Hosszúság
Lua	Hold
Órbita	Pálya
Solar	Nap
Solstício	Napforduló
Telescópio	Távcső
Visível	Látható
Zodíaco	Állatöv

Vegetais
Zöldségfélék

Abóbora	Tök
Aipo	Zeller
Alcachofra	Articsóka
Alho	Fokhagyma
Batata	Burgonya
Beringela	Padlizsán
Brócolis	Brokkoli
Cebola	Hagyma
Cenoura	Sárgarépa
Chalota	Mogyoróhagyma
Cogumelo	Gomba
Ervilha	Borsó
Espinafre	Spenót
Gengibre	Gyömbér
Nabo	Fehérrépa
Pepino	Uborka
Rabanete	Retek
Salada	Saláta
Salsa	Petrezselyem
Tomate	Paradicsom

Veículos
Járművek

Ambulância	Mentőautó
Avião	Repülőgép
Balsa	Komp
Barco	Hajó
Bicicleta	Kerékpár
Caminhão	Kamion
Caravana	Lakókocsi
Carro	Autó
Foguete	Rakéta
Furgão	Furgon
Helicóptero	Helikopter
Jangada	Tutaj
Lambreta	Robogó
Metrô	Metró
Motor	Motor
Ônibus	Busz
Pneus	Gumik
Táxi	Taxi
Trator	Traktor

Xadrez
Sakk

Aprender	Tanulni
Branco	Fehér
Campeão	Bajnok
Concurso	Verseny
Desafios	Kihívások
Diagonal	Átlós
Estratégia	Stratégia
Jogador	Játékos
Jogo	Játék
Oponente	Ellenfél
Passivo	Passzív
Pontos	Pontok
Preto	Fekete
Rainha	Királynő
Regras	Szabályok
Rei	Király
Sacrifício	Áldozat
Tempo	Idő
Torneio	Torna

Parabéns

Conseguiu!

Esperamos que tenha gostado tanto deste livro como nós gostamos de o desenhar. Esforçamo-nos por criar livros da mais alta qualidade possível.
Esta edição foi concebida para proporcionar uma aprendizagem inteligente, de qualidade e divertida!

Gostou deste livro?

Um simples pedido

Estes livros existem graças às críticas que publica.
Pode ajudar-nos, deixando agora uma revisão?

Aqui está um pequeno link para
a sua página de revisão:

BestBooksActivity.com/Avaliacoes50

DESAFIO FINAL!

Desafio n° 1

Está pronto para o seu jogo grátis? Usamo-los a toda a hora, mas não são tão fáceis de encontrar - aqui estão os **Sinônimos!**
Escreva 5 palavras que encontrou nos puzzles (n° 21, n° 36, n° 76) e tente encontrar 2 sinónimos para cada palavra.

Escreva 5 palavras de *Puzzle 21*

Palavras	Sinônimo 1	Sinônimo 2

Escreva 5 palavras de *Puzzle 36*

Palavras	Sinônimo 1	Sinônimo 2

Escreva 5 palavras de *Puzzle 76*

Palavras	Sinônimo 1	Sinônimo 2

Desafio n° 2

Agora que já aqueceu, escreva 5 palavras que encontrou nos Puzzles (n° 9, n° 17 e n° 25) e tente encontrar 2 antônimos para cada palavra. Quantos se podem encontrar em 20 minutos?

*Escreva 5 palavras de **Puzzle 9***

Palavras	Antônimo 1	Antônimo 2

*Escreva 5 palavras de **Puzzle 17***

Palavras	Antônimo 1	Antônimo 2

*Escreva 5 palavras de **Puzzle 25***

Palavras	Antônimo 1	Antônimo 2

Desafio n° 3

Óptimo! Este desafio final não é nada para si.

Pronto para o desafio final? Escolha 10 palavras que tenha descoberto nos diferentes puzzles e escreva-as abaixo.

1.	6.
2.	7.
3.	8.
4.	9.
5.	10.

Agora escreva um texto a pensar numa pessoa, num animal ou num lugar de seu agrado.

Pode utilizar a última página deste livro como um rascunho.

A Sua Composição:

CADERNO DE NOTAS:

ATÉ BREVE!

A equipa Inteira

DESCUBRA JOGOS GRATUITOS

GO

↓

BESTACTIVITYBOOKS.COM/FREEGAMES